中华优秀传统国学阅读经典

中庸

【春秋】子思　王俊 编校

中国商业出版社

图书在版编目（CIP）数据

中庸 / 王俊编校. -- 北京：中国商业出版社，2019.10

ISBN 978-7-5208-0855-2

Ⅰ.①中… Ⅱ.①王… Ⅲ.①儒家②《中庸》—注释③《中庸》—译文 Ⅳ.①B222.1

中国版本图书馆CIP数据核字(2019)第157067号

责任编辑：王 静

中国商业出版社出版发行

010-63180647　www.c-cbook.com

（100053 北京广安门内报国寺1号）

新华书店经销

三河市同力彩印有限公司印刷

*

710毫米×1000毫米　16开　14印张　180千字

2020年1月第1版　2020年1月第1次印刷

定价：42.00元

* * * *

（如有印装质量问题可更换）

前　言

泱泱中华五千载，悠悠国学民族魂。中华国学"为天地立心，为生民立命，为往圣继绝学，为万世开太平"，是中华民族几千年来生生不息的根本，是华夏儿女的文化基因和精神支柱。

中华传统文化经过千百年历史的冲刷洗礼和不断交流、融合以及沉淀，最终形成了求同存异、兼收并蓄、辉煌灿烂的特点，它也是世界上唯一绵延不绝而从没中断的古老文化，并始终充满了生机与活力。

国学就是中国之学、中华之学，是以母语汉语为基础，表达了中华民族的精神价值和处世态度，有利于凝聚中华民族的文化向心力，有利于中华民族大团结，是华夏儿女的生命火炬，我们要世代相传和不断发扬光大。

中华优秀传统文化在思想上有大智，在科学上有大真，在伦理上有大善，在艺术上有大美。在中华民族艰难而辉煌的发展历程中，优秀传统文化薪火相传、历久弥新，始终为国人提供精神支撑和心灵慰藉。所以，更多地从传统优秀国学经典中汲取丰富营养，不仅能充实灵魂，而且能够拥有一种神圣而崇高的家国情怀。

中华传统国学是指以儒学为主体的中华传统文化与学术，内容非常广泛，内涵十分丰富，如蒙学十三经、四书五经等，作为国学中经典之经典，铸就了"国学蒙学之最、中华不可或缺之魂"，凝聚了我国五千年的文明史和传统文化，体现了中华民族博大精深的文化精髓，是经过多少代人实践检验过的文化瑰宝，承载着中华民族伟大复兴的梦想。

中华传统国学中具有极高价值的经典与文章不胜枚举，且不说春秋战国时期的经传宝典，也不说《史记》《资治通鉴》，仅唐诗、宋词、元曲就有许多脍炙人口的佳作，今天我们作为中华儿女对这些精品岂可淡化或视而不见？

中华传统国学经典，蕴含了中华儿女内圣外王的个体修养和自强不息的群体精神，形成了重义轻利的处世态度以及孝亲敬长的人伦约定，包含着辩证理智的心智思维和天人合一的整体观念。

这些国学经典千百年来作为我国传统文化与教育经典，在内容方面包含治国、修身、道德、伦理、哲学、艺术、智慧、天文、地理、历史等丰富的知识；在艺术方面丰富多彩，各有特色，行文流畅，气势磅礴，辞藻华丽，前后连贯。古往今来，无数有识之士从中汲取知识，不仅培养了良好的道德品质，还提升了儒雅、纯美、睿智的气质。

国学经典是广大读者必备的精神食粮。读者阅读国学经典，能够秉承国学仁义精神，养成谦和待人、谨慎待己、勤学好问等优良品行，达到内外兼修与培养刚健人格的学习目的。读者阅读国学经典，就如同师从贤哲，使自己能够站在先辈们的肩膀之上，在高起点上开始人生道路。阅读圣贤之书，与圣贤为伍，是精神获得高尚和超越的最高境界。

如今社会处于转型时期，充斥着各种各样所谓的现代文化，良莠不齐、纷繁杂芜。作为读者，应该慎重地从文化杂烩中精挑细选最好的、最纯的、最精的文化知识进行学习，以便促进身心的健康，那么国学经典就是最佳的选择。

当然，我们必须注意：传承古代经典，不是单纯背诵一些诗词，而是传承古老中华文明；不是只知其文不解其意，而是传承经典文化中的精神；不是对所有传统的东西都加以吸收，而是采取"扬弃"态度，取其精华去其糟粕；也不是排斥其他国家和民族的先进文化，要互相理解和尊重，要有兼容并包的情怀和清醒的头脑，做到互相学习和互相促进；更不是躺在灿烂传统文化的光环下故步自封，要积极开创未来的、先进的和科学的民族文化，要创造新的文化辉煌。

国学经典并非陈旧过时的东西，它能够适应任何时代的需要，且不同的时代都可以进行新的解读,都有时代的新意。广大读者要古为今用,活学活用,在新的时代推陈出新,进行新的解读,赋予新的内涵,不断发扬新的精神。

我们欣喜地看到,在党和政府的积极号召下,教育部印发了《完善中华优秀传统文化教育指导纲要》,各级教育机构启用了《中华优秀传统文化》教材,中小学语文新课标中也增加了青少年学生阅读和学习国学的分量,许多中小学开设了专门的国学课程,全国各族人民掀起了学习和传承中国传统文化的热潮。

为此,在有关专家的指导下,我们特别精选编辑了这套"中华传统国学阅读经典"作品,根据广大读者特别是青少年读者学习吸收的特点,采取了板块化的篇章结构。文前部分主要包括作者简介、题解+背景、作品概况、思想内容和艺术特点等内容,正文部分主要包括原文、注释、解读、感悟、赏析、故事等内容,文后部分主要包括名言妙语、读后感、知识互动大会等内容。同时还配有精美的插图,图文并茂,生动形象,非常易于阅读、理解和欣赏,能够培养广大读者的国学阅读兴趣,从而增强大家对中华优秀传统文化的热爱、传承和发展,最终积极投身到中华民族伟大复兴的中国梦之中。

根据"部编教材"和广大读者特别是青少年读者学习吸收的特点，采取版块化篇章结构，设置丰富的专题栏目，解构阅读知识要点，无障碍直通阅读核心，重点感受丰富的知识和独特的艺术，领会和发扬深刻的国学精神！

```
                    导  读
```

作者简介
简单介绍作者生卒、生平事迹、代表作品和历史影响等。

题解 + 背景
简单阐述书名来历、作者社会背景、创作动机、创作过程等。

作品概况
简单介绍作品结构形态、流传过程和历史价值等。

思想内容
简单分析作品思想内涵、社会价值和启迪作用等。

艺术特点
简单解析语言表达、篇章结构、人物形象等丰富的艺术特色。

至诚之道

原 文
参考众多权威版本，忠实于原著原文呈现。

至诚之道❶，可以前知❷。国家将兴，必有祯祥❸；国家将亡，必有妖孽；见乎蓍龟❹，动乎四体❺。祸福将至：善，必先知之；不善，必先知之。故至诚如神。

注释 ●●●●

❶ 至诚之道：最诚实淳朴、心中无丝毫伪意存在，达到了融合于自然大道的境界。
❷ 前知：在事件未发生之前就预先知晓该事件的始末情况。
❸ 祯（zhēn）祥：吉祥的征兆。
❹ 见乎蓍（shī）龟：通过蓍龟进行预测。蓍龟，古人以蓍草与龟甲占卜凶吉。
❺ 动乎四体：四体，这里不仅仅指两只手两只脚，它还包括体相、音、形等，通过这些都可以用来感知和判断。

注释
介绍和评议生僻难懂语汇、内容、背景、引文等。

解读 ●●●●

有最真诚的德行，可以预知未来。国家即将兴盛，一定有吉祥的预兆；国家将要死亡，一定有灾祸邪异。这些可以从占筮卜卜的卦辞中发现，也可以从人们的动作威仪中察觉。祸福即将来临，是福必然能预先知道，是祸也必然能预先知道。因此，最真诚的人就如同神明一般。

注音
对多音字以及破音、通假、古音、外族语言等异读字词进行注音。

精美配图
根据内容配图，图文并茂，让知识变得生动形象，让阅读变得丰富有趣。

解 读
对原文进行译解，使之通俗易读，浅显易懂。

解读
喜怒哀乐的情感没有表现出来的时候叫作中，表现出来而符合法度常理就叫作和。中，是天下一切情感和道理的根本；和，是天下一切事物的普遍原则。达到了中和的境界，天地便各就其位而运行不悖，万物就各得其所而生长繁育了。

感悟
本章是从情感的角度切入，对"中""和"做正面的基本的解释。如果人人都达到"中和"的境界，大家心平气和，社会秩序井然，天下也就太平无事了。

本章具有全篇总纲的性质，以下内容都围绕本章内容而展开。

故事链接

心平气和的吕蒙正

吕蒙正，字圣功，河南洛阳人，本贯东莱。北宋初年宰相。太平兴国二年（公元977年）丁丑科状元。吕蒙正中状元后，授将作监丞，通判升州。后三次登上相位，封许国公，授太子太师。

吕蒙正宽厚正直，对上遇礼敢言，对下则宽容有雅度。宋太宗和宋真宗两代君王都启用他为宰相。吕蒙正为官时，主张内修政事、结好邻邦、弭兵省财，他还知人善任，敢于直言相谏，赢得了君臣们的钦佩和敬仰。

吕蒙正最初进入朝廷时，朝廷内一些人没有把他放在眼里。一天上朝时，一个在朝廷内任职多年的老臣，当着别人的面指着他说："这小子也能当参知政事吗？"吕蒙正装着没听见，走了过去。
……

感 悟
深刻领会段落或篇章内涵，结合感受进行明白晓畅的阐释。

故事链接
对篇章或段落进行故事配套链接，更益于理解原文。

完美大结局

名言妙语
推介作者、作品的名言格言和妙言妙语，让读者加深印象、获得美感或启迪等。

读后感
从中、小学生认识角度，剖析阅读作品后的所思所感、所作所为等，达到有所收获和感悟等。

作者简介

　　孔伋（公元前483—公元前402年），字子思，孔子的嫡孙，孔子之子孔鲤的儿子。子思是我国春秋时期著名的思想家，受教于孔子的高徒曾子，孔子的思想学说由曾子传给子思，子思的门人再传孟子，所以，后人把子思、孟子这一思想流派并称为思孟学派，因而子思上承曾子，下启孟子，在孔孟"道统"的传承中占有重要地位。

　　子思上承孔子中庸之学，下开孟子心性之论，并由此对宋代理学产生了重要而积极的影响。因此，北宋徽宗年间，子思被追封为"沂水侯"，元文宗至顺元年，又被追封为"述圣公"，后人由此而尊他为"述圣"。

　　在对待传统文化上，子思和孔子一样很重视礼，也身体力行遵守礼。子思向往国家的德治教化，并且努力实现自己的抱负，但他与孔子不同。为了施展抱负，孔子曾仕鲁参政，却以去鲁告终，后来周游列国，企图游说诸侯，却处处碰壁，甚至在各国受困。

　　子思则不然，鲁穆公请他做国相，子思则以推行自己的学说为重婉言谢绝，一心不二用，潜心著述。子思晚年，居住于鲁国。鲁穆公经常派人问候，唯恐不能留住他。子思虽受到礼遇，却常常直言不讳，认为能经常批评君主错误的，才能算作忠臣。

　　根据史料记载，子思的父亲孔鲤亡于孔子之前，子思的年龄和孔子有10年的交集，孔子有对子思言传身教的机会，虽然属于启蒙阶段，但对于子思来说，应该是刻骨铭心的教诲，对他传承儒家思想，产生了重大作用。

题解+背景

中庸,是儒家的道德标准,指位于中间,不离两边,不走极端,待人接物不偏不倚,调和折中。因时制宜、因物制宜、因事制宜、因地制宜,儒家的理论根源源于人性。

汉代儒学大师郑玄说:"名曰中庸,以其记中和之用也。庸,用也。"通俗解释即去两端,取中间。宋代儒学大师朱熹在《中庸章句》中说:"不偏之为中,不易之为庸。"他又自注:"中者,不偏不倚,无过不及之名。庸,平常也。"

"中庸"是德行,是大本达道,不是方法与原则,不可因袭而取之,无法通过学习而获得,也不是通过观察与实验而总结的道理,而是需要通过做格物致知功夫来成就自家德行。

孔子去世后,儒家分为八派,子思是其中一派。荀子把子思和孟子看成是一派。从师承关系来看,子思学于孔子的得意弟子之一曾子,孟子又学于子思;从《中庸》和《孟子》的基本观点来看,也大体上是相同的,所以有"思孟学派"的说法。不过,现存的《中庸》,已经经过秦代儒者的修改,大致写定于秦统一全国后不久。

但是,孟子的出生距孔子逝世已然过去100余年,限于当时传播载体的欠缺,各种文献和口述历史极易混淆是非,张冠李戴。这期间如果没有子思继承、发扬孔子思想,捍卫孔子思想正统,潜心著述《中庸》等儒家经典,起到承上启下的作用,就无从谈起思孟学派,这是子思对儒学的贡献所在。

作品概况

　　《中庸》是《礼记》的篇目之一，在南宋前从未单独刊印，宋代儒学家朱熹将其与《大学》《论语》《孟子》并称为"四书"。子思发展了孔子"仁"的理论，将"诚"看作世界的本体，并提出"博学之，审问之，慎思之，明辨之，笃行之"的学习过程和认知方法。

　　朱熹在讲学中，总结"二程"的经验，同弟子反复讨论《中庸》，这些讨论大部分收录在《朱子语类》中，可以看出，朱熹对《中庸》下了很多功夫，《中庸章句》是他的得意之作。以上这些书，是彼此密不可分的一个整体，相辅相成，是学习《中庸》不可或缺的资料。

　　《中庸》讨论了儒学和理学的一系列问题，如天命、性、教、道、慎独、情、已发未发、中和、大本、达道、在中、时中、用中、忠恕、五达道、三达德、知行、治国九经、择善固执、诚、学问思辨行、仁义礼智等，有天道，有人道，有本体等哲学思想。

　　许多儒者对这些概念和命题也倾注了极大的热情，进行了广泛深入的论辩，这些讨论，虽说常常莫衷一是，但丰富多彩，细致入微，富有哲理。可以说宋明理学之所以能成为本体化、哲学化的思潮，达到了古代哲学高峰，是和《中庸》及《中庸章句》密不可分的。

　　过去，有些学者怀疑《中庸》是否为子思所作，据《汉书·艺文志》记载，子思的著作有二十三篇，曾经被编辑成《子思子》一书，这个记载是否可信，学者们看法不一。

　　1993年冬天，在湖北荆门郭店的一座楚墓里出土了大量竹简，这不仅可以使人们对《中庸》作者真伪问题做出肯定的回答，而且也证明了《中庸》一书确实为子思所作。

思想内容

　　中庸之道的主题思想是教育人们自觉进行自我修养、自我监督、自我教育、自我完善,把自己培养成具有理想人格,达到至善、至仁、至诚、至道、至德、至圣、合外内之道的理想人物,共创"致中和,天地位焉,万物育焉"的"太平和合"境界,这一主题思想贯穿于《中庸》全篇。

　　中庸有三个主要原则,一个是慎独修身,是说品德高尚的人在独处时也是谨慎的。二是忠恕宽容,是如何对待他人的方式。自己不愿意的事情,也不要强加于他人。三是至诚尽性,是中庸的完美境界,极端真诚的人能充分发挥自己的本性,从而发挥众人和万物的本性,使整体繁荣。

　　"天命之谓性,率性之谓道,修道之谓教。"言简意赅地揭示了中庸之道这一主题思想的核心是自我教育。"天命之谓性"是指人的自然禀赋是天性。"率性之谓道"是说人们顺着自然本性行事是道,"修道之谓教"是说教育就是按照人道原则去进行修治。

　　"道也者,不可须臾离也,可离非道也。是故君子戒慎乎其所不睹,恐惧乎其所不闻。莫见乎远,莫显乎微。故君子慎其独也。"同时,自我教育贯穿于人一生之中,人们要将自我教育贯穿于人生的全部过程,就需要有一种强有力的自我约束、自我监督的精神,这种精神就叫作慎独,也就是说,在自己一人独处的情况下,别人看不到自己的行为、听不见自己的言语,自己也能谨慎地进行内心的自我反省、自我约束、自我监督。

　　"中也者,天下之大本也;和也者,天下之达道也。"指出了自我教育的意义。"致中和,天地位焉,万物育焉。"是歌颂达到自我教育的理想目标后的无量功德,也就是具备至仁、至善、至诚、至道、至德、至圣的品德后的效应。中和是自我价值的实现,致中和是社会价值的体现。

艺术特点

　　《中庸》是体现儒家"孔孟之道"的一部重要经典,后世学者认为,从创作艺术和方法论的角度看,它的价值远远超过《大学》,奠定了它在儒学中的地位。

　　宋代的儒学大家程颐说:"此篇乃孔门传授心法,子思恐其久而差也,故笔之于书,以授孟子。其书始言一理,中散为万事,末复合为一理;放之则弥六合,卷之则退藏于密,其味无穷,皆实学也。"由于子思将孔子理论系统、完整地记录,并发展了孔子理论,孟子才得以上承孔子的学说。

　　子思的思想具有一大艺术特色,那就是神秘性。在《中庸》的论述里,人本身并没有神秘性,但是"至诚如神",即通过自身修养,达到"诚"的境界,便具有无比神奇的威力,甚至还认为,只要"至诚",就可以预卜凶吉。

　　国家将要兴旺,就一定有祯祥的预兆,而国家将要灭亡,就一定有妖孽出现,可见"诚"与天、鬼神是一脉相通的,即是"天人合一"的表现。子思认为,达到"诚"的途径,是要"尽其性",进而"尽人之性",再进到"尽物之性",这就可以"赞天地之化育",达到"与天地参矣"的效果。

　　这一过程,也就是孟子所说的"尽心""知性""知天",从而达到"天人合一"的神秘境界,这种思想对汉代的董仲舒和宋儒都有较大的影响。《中庸》运用语言艺术表达了事物"过"与"不及"同样无法达到预期效果的事实,主张"执其两端而用其中于民",在哲学上,还具有从量出发找出确定矛盾的质的规定性的意义,这个思想也符合辩证思维。

目 录

天命之谓性…………………… 1	鬼神之为德…………………… 55
喜怒哀乐之未发……………… 4	舜其大孝也与………………… 59
君子中庸……………………… 6	无忧者………………………… 64
中庸其至矣乎………………… 9	宗庙之礼……………………… 67
道之不行也…………………… 14	践其位………………………… 70
舜其大知也与………………… 17	郊社之礼……………………… 72
人皆曰予知…………………… 21	哀公问政……………………… 74
回之为人也…………………… 23	在下位不获乎上……………… 78
天下国家可均也……………… 25	天下之达道五………………… 81
子路问强……………………… 27	好学近乎知…………………… 88
素隐行怪……………………… 31	凡为天下国家有九经………… 90
君子之道费而隐……………… 34	修身则道立…………………… 94
鸢飞戾天……………………… 37	齐明盛服……………………… 98
道不远人……………………… 41	凡事豫则立…………………… 101
君子素其位而行……………… 45	在下位不获乎上……………… 104
在 上 位……………………… 49	诚　者………………………… 106
君子之道……………………… 52	博学之………………………… 109

自诚明	114	吾说夏礼	159
惟天下至诚	117	王天下有三重焉	162
其次致曲	120	故君子之道	166
至诚之道	123	在彼无恶	170
诚者自成也	127	仲尼祖述尧舜	174
故至诚无息	130	惟天下至圣	177
天地之道	133	溥博渊泉	180
今夫天	138	惟天下至诚	183
今夫山	141	君子之道	187
维天之命	143	潜虽伏矣	190
大哉圣人之道	146	奏假无言	193
是故居上不骄	151	予怀明德	196
愚而好自用	154	上天之载	200
非天子	157		

天命之谓性

天命之谓性,率性之谓道①,修道之谓教。道也者,不可须臾②离也,可离非道也。是故君子③戒慎乎其所不睹④,恐惧乎其所不闻。莫见乎隐,莫显乎微,故君子慎其独⑤也。

注释

① 率性之谓道:遵循本性叫作道。
② 须臾(yú):片刻的时间。
③ 君子:德道淳厚的人。
④ 戒慎乎其所不睹:戒,警戒,戒备;慎,谨慎;其所不睹,他人不能看见的时候。
⑤ 慎其独:在独处中谨慎不苟。

解读

人的自然禀赋叫作"性",顺着本性行事叫作"道",按照"道"的原则修养叫作"教"。"道",不可以片刻离身,可以片刻离身的就不是"道"了。所以君子在没有人看见的时候也要谨慎检点,在没有人知道的时候也生怕违反了"道",即使在隐蔽之处,或在细小的事情上,也没有离道的表现。所以君子一人独处时也要十分谨慎。

感悟

这是《中庸》的第一章,开宗明义提出了"性""道""教"三

中 庸

项,用以解释"道"的渊源。从"道"不可片刻离开引入话题,强调"慎其独"问题,要求人们加强自觉性,真心诚意地顺着天赋的本性行事,按道的原则修养自身。

故事链接

杨震不受"四知财"

杨震,字伯起,弘农华阴人。东汉时期名臣,隐士杨宝之子。他通晓经籍、博览群书,有"关西孔子杨伯起"之称。杨震不应州郡礼命数十年,至五十岁时才开始步入仕途。他为官正直,不屈权贵。

杨震在赴任东莱太守的途中,路过昌邑县,他过去举荐的秀才王密当时正任昌邑县令。当王密知道自己的恩人路过此地时,就趁着夜色,带了十斤黄金,要呈给杨震。

杨震拒不接受，并且叹了一口气说："唉，我了解你，知道你有德学，把你举荐出来，可惜你却不了解我。"

王密还以为杨震是怕这件事被人知道才不愿意接受的，所以他就说："这件事没有人知道，您就放心地接受吧。"

结果杨震回答说："这件事有天知、有神知、有你知、有我知，这是'四知财'，怎么说没有人知道呢？"他拒不接受这"四知财"。

因为他一生为官清廉，从来不徇私舞弊，所以家境非常贫寒。到年老的时候有人劝他，说你不为自己打算也就罢了，难道你不为自己的子孙后代着想，给他们留一点财富吗？

杨震怎么回答的？

杨震说："我留给我的子孙后代最好的财富，那就是他们是一个'廉洁官员的后代'"。果不其然，杨震过世之后，他的儿孙辈都受他廉洁作风的影响，为官都很清廉，出了很多的人才，历史上记载他们"四世三公"，就是他们杨家四世都有人做到三公的位置。

他的后代子孙为了纪念祖先这种廉洁的作风，把他的一个房屋取名为"四知堂"，以此来提醒后代子孙，他们的祖先不收"四知财"。所以凡是杨家的子孙走过这个匾额的时候，都能够受到提醒，时刻警醒自己，不要因为自己的言行给祖先抹黑。

| 中 庸

喜怒哀乐之未发

喜怒哀①乐之未发,谓之中;发而皆中节,谓之和。中也者,天下之大本②也;和也者,天下之达道③也。致中和,天地位焉,万物育焉。

注释

① 哀:心情悲伤、悲痛。
② 大本:道之根本。
③ 达道:达,通,到,最符合"道"的特性。

解读

喜怒哀乐的情感没有表现出来的时候就叫作中,表现出来而符合法度常理就叫作和。中,是天下一切情感和道理的根本;和,是天下一切事物的普遍原则。达到了中和的境界,天地便各就其位而运行不悖,万物就各得其所而生长繁育了。

感悟

本章是从情感的角度切入,对"中""和"做正面的基本的解释。如果人人都达到"中和"的境界,大家心平气和,社会秩序井然,天下也就太平无事了。

本章具有全篇总纲的性质,以下内容都围绕本章内容而展开。

> 故事链接

心平气和的吕蒙正

吕蒙正，字圣功，河南洛阳人，本贯东莱。北宋初年宰相。太平兴国二年（977年）丁丑科状元。吕蒙正中状元后，授将作监丞，通判升州。后三次登上相位，封许国公，授太子太师。

吕蒙正宽厚正直，对上敢仗义执言，对下则宽容有度。宋太宗和宋真宗两代君王都启用他为宰相。吕蒙正为官时，主张内修政事、结好邻邦、弭兵省财，他还知人善任，敢于直言相谏，赢得了君臣们的钦佩和敬仰。

吕蒙正最初进入朝廷时，朝廷内一些人没有把他放在眼里。一天上朝时，一个在朝廷内任职多年的老臣，当着别人的面指着他说："这小子也能当参知政事吗？"吕蒙正装着没听见，走了过去。

此时，他身旁的许多同事都感到气愤和不平，要去查问那个官员的名字。吕蒙正急忙上前阻止说："不可，如果一旦知道了他的姓名，那么我就终身不能忘记了，还不如不知道的更好。"听他这么一说，周围的人都十分钦佩他的宏大气量。

吕蒙正对于当面羞辱他的人，如此宽宏大度，而对于谄媚讨好他的人，又能严肃婉转地拒绝。

朝中有位官员收藏着一面古镜，自称这面镜子能照二百里，打算献给吕蒙正，以求和他建立私交。吕蒙正知道后，笑着说："我的脸不过菜碟那样大小，哪里用得上能照二百里的镜子呢？"此事传出后，人们都佩服吕蒙正的为人。

中 庸

君子中庸

仲尼❶曰:"君子中庸❷,小人反中庸。君子之中庸也,君子而时中❸;小人之中庸也,小人而无忌惮也。"

注释

❶ 仲尼:即孔子,名丘,字仲尼。
❷ 中庸:即中和。庸,"常"的意思。
❸ 时中:时时刻刻守中、用中、行中、修中。

解读

仲尼说:"君子常守中庸的道德标准,小人则违反中庸的道德标准。君子常守中庸的道德标准,表现为君子每时每地都恪守中庸之道。小人违反中庸的道德标准,表现为小人所作所为毫无忌惮。"

感悟

孔子的学生子贡曾经问孔子:"子张和子夏哪一个贤一些?"孔子回答说:"子张过分,子夏不够。"子贡问:"那么是子张贤一些吗?"孔子说:"过分与不够是一样的。"这一段话是对"君子而时中"的生动说明。也就是说,过分与不够貌似不同,其实质却都是一样的,都不符合中庸的要求。中庸的要求是恰到好处。

人在社会中生存,很多的时候,都面临着这样那样的窘境,那么如何妥善处理,如何做出"适中"的行为,谁也不能给出完全符合客观事实的、准确的指导。只有依靠自己权衡，依其情势而做出自己的判断并实施。

而不论自己处在何种态势，唯一可取的就是"诚"，只要心怀诚意，不存杂念，自然会赢得支持，受到敬重。中庸的处世思想就是守"诚"，成全他人的自尊，成就自己的人品，维护共同的尊严，使自己不被自己的行为绊倒。

故事链接

吴兢至诚不改史

吴兢，汴州浚仪（今河南开封）人。唐朝著名史学家。他耿直敢于犯颜直谏，政治上颇有操守，不愧为一代诤臣。武则天时，吴兢进入史馆，负责编纂国史。他认真负责，一丝不苟，忠于史实，不畏权势。唐中宗时，吴兢和史学家刘知几合作，撰写了《则天皇后实录》。

武则天晚年有两个宠臣，一个叫张宗昌，一个叫张易之，二张依仗武则天的宠爱，横行霸道。宰相魏元忠建议武则天不该留二张在身边。二张知道后，对魏元忠恨之入骨，又怕武则天死后，魏元忠会对他俩下手，就密谋诬陷魏元忠有谋反之意。

武则天听信了谗言，将魏元忠逮捕入狱。张宗昌又暗中诱逼凤阁舍人张说出堂作证，说事成后就提拔他。张说只得答应了。同僚宋璟对张说说："名义至重，鬼神难欺，万万不能伙同小人陷害忠良啊！"

在同僚的激发下，张说在朝堂上言道："臣确实没听魏元忠有此言，是张昌宗逼我做证的。"魏元忠才得以免死。

吴兢对这件事，直言不讳，如实做了记载。张说担任了宰相，兼管国史。看到上述那段史实的记载，感到很难堪，认为有损自己形象，

中 庸

就动了改史的念头。

有一天，张说去国史馆翻阅国史，假装说："刘知几这人太不随和了，故意让我难堪！"实际他明明知道是吴兢写的。吴兢听了，立刻站了起来，说："是我写的，史稿尚在，你不能错怪死去的刘知几！"史官们惊得变了脸色，吴兢毫不畏惧，仍坚持如实记载。

张说又暗地里去求吴兢，做几个字的更改，还说："一定知恩图报！"又软言乞求了好一段时间。

吴兢终未答应，说："假如答应了您的请求，那么这部书就算不得史实了，不算作史实，又怎么能让后人相信呢！希望您能够谅解我。"

中庸其至矣乎

子①曰："中庸其至②矣乎！民鲜③能久矣！"

注释

① 子：指孔子。
② 至：最，极。最充分，最完善。
③ 鲜：少，不多。

解读

孔子说："中庸可以说是最完善的道德了！大家缺乏它已经很久了！"

感悟

人在社会群体之中生活，是社会的一粒尘埃。社会其实就是一个大市场，不平等的交易和意料之外的事情随时都有可能发生，任何社会事件都有可能影响、涉及个人，而人的任何行为都必然受着社会的制约，也影响着周围的一切。

为了生活，人们不可避免地要面对各种矛盾的冲击，受到各种因素的掣肘，需要接受各种形式的挑战，更要应对各种条件下的竞争，因而，每个人都无法完全摆脱苦恼。

在一切的行为取舍中，谁会时时处处都能做得最好？同样，谁也不可能不犯错误，谁也不可能在一切事情中都做到完美或者准确无误。

中 庸

人们生活中的大多数时光都在很普通的日子里度过，人们平凡而又渺小，只能是在自己的视野内做出符合自己现状条件的选择，能不能达到"中庸"，人们并不知道。

中庸是令人向往的境界，但是，没有达到中庸的标准，并不就说明我们一无是处。人生总是有这样或那样的烦恼，不论做什么事，总会有不同的评论，从各个角度，从不同的层面，有肯定的，有否定的，甚至更有被误解的，同样的道理，也表现在人们对待别人或别人所做事务的态度上。

故事链接

伊尹中庸助君

伊尹（公元前1649—公元前1549年），伊姓，名挚。夏朝末年空桑人。因其母居伊水之上，故以伊为氏。为商朝初年著名政治家、思想家，是已知最早的道家人物之一，也是中华厨祖。

伊尹出身卑微，关心人民疾苦，聪颖能干，帮助商朝第一代帝王汤开国创业，为商朝初期的社会稳定、经济发展做出了突出贡献。

公元前17世纪末，夏朝经过400多年，到桀当国王的时候，已经快崩溃了。

夏桀昏庸傲慢，不得民心，那些受尽欺压的平民百姓指着太阳咒骂他："你几时灭亡，我们情愿跟你一道灭亡！"这些都被汤看在眼里。

汤又叫作太乙，他是夏朝在黄河下游的一个属国商国的首领。汤见夏桀腐败残暴，就决心与他争夺天下。平民百姓，包括夏桀的大臣们都盼望夏朝早点灭亡。

汤一天到晚总考虑怎样推翻桀的计划，一日三餐，马马虎虎，并不留心饭菜质量怎么样。这种情况，厨师伊尹看在眼里、想在心上，知道汤总是惦记着推翻桀的大事，但也不能不注意身体呀。

伊尹总想找个机会接近汤，谈一谈自己对这事的看法。伊尹本是汤的妻子的一位陪嫁奴隶，后来做了厨师。他心疼汤整天忙着办大事，不认真吃饭，于是想出了一个办法，来吸引汤的注意，这一次故意把饭菜做得特别咸，下一次又故意不放盐。

汤感到饭菜不顺口，不对味，就叫过伊尹，责备他说："怎么回事？你最近做的菜，不是咸就是淡……"

不等汤说完，伊尹跪下说："大王不必生气。这是我在试探您还知道滋味不知道。从今天起，我一定把饭菜做好。不然，大王杀我的头！"

从那以后，伊尹做的饭菜咸淡适度、香甜可口，味道很合汤的胃口。汤非常满意，又把伊尹找来说："看来，你的进步很大，做菜的本事果然不凡……"

伊尹连忙借题发挥，有所指地说："大王，这并没有什么值得夸奖的。菜不能太咸，也不能太淡，只要把佐料搭配好，吃起来自然有味。这和您治理国家是一个道理，既不能无所作为，也不能急于求成。只有掌握好分寸关节，才能把事情办好。"

汤听了连连点头，心想："谁能知道，在我的厨房里竟有这样一位难得的人才！"

于是，汤立即宣布解除伊尹的奴隶身份，让他做了大臣。后来，伊尹成了汤的主要助手。

不久以后，伊尹向汤建议，夏桀昏庸残暴，不要向夏朝送贡品了。同时，还控制了一些小国归附商汤。

夏桀不甘心自己的势力范围缩小，就以商国没有进贡为借口，联

中 庸

合起九夷族的力量，气势汹汹地讨伐商国。

汤听到这个消息，对伊尹说："现在夏桀找上门来打仗，我们打还是不打呢？"

伊尹沉思了片刻，然后说："夏桀这次集中了九夷族的兵力，说明他还有一些战斗力，我看不如避其锋芒，先恢复向夏朝进贡，等以后有机会再说。"

汤立刻派人把贡品送到夏桀的军营。

夏桀见了堆积如山的财宝，十分得意，笑着对手下人说："看来，汤还是怕我的呀！"于是，夏桀喜滋滋地带着贡品满载而归，收兵回国了。

第二年，商国又不向夏朝进贡了。夏桀暴跳如雷，发号施令，集合本国一些军队，觉得不一定能打败商汤，于是想再次召集九夷族一起去讨伐商国。

可是，一年来，九夷族看到了夏桀的种种昏庸表现，已经不愿意为夏朝出兵卖命了。

这时，夏桀的附属国中真正听桀调遣的只剩下一个昆吾国了。伊尹与商汤分析了这一形势。商汤对大臣们说："服从夏桀的人越来越少，我们只要打败他的最后一个帮手昆吾国，夏朝灭亡的日子就不远了。"

于是，汤和伊尹率领商国军队北上，迅速打败了昆吾国，消灭了夏桀手中的一支可靠力量。夏桀恼羞成怒，带兵倾巢出动与汤决战。商军以逸待劳，早已等候在现今山西省鸣条这个地方。

伊尹和汤鼓励将士们奋勇杀敌，振奋精神，汤传下法令说："将士们，夏桀做尽了坏事，我们要去讨伐他，大家要听从命令。对杀敌立功的，我要给予重赏，决不食言；对不服从命令的，我也决不客气！"

将士们下定了死战的决心。交战这一天，天刚亮，商军就冲了过去，势不可当，将士们非常勇猛。夏桀的队伍有一部分赶紧逃命，大多数投降了商军。

汤乘胜追击把夏桀赶进了安徽的南巢山中。后来，由于没有援兵，当地的百姓也痛恨夏桀，夏桀罪有应得饿死在南巢山里。

汤率领军队攻入了夏朝的国都，夏朝灭亡了，汤建立了商朝。商朝的国土比夏朝大了很多。

由于伊尹作战勇敢，智慧超群，为汤开国创业立下不少功劳，他由一名当厨师的奴隶，一直成为辅助国君的大臣，后来当上了右丞相，深受汤的赏识和人民的爱戴。

中 庸

道之不行也

子曰:"道❶之不行也,我知之矣,知者❷过之,愚者不及也;道之不明也,我知之矣,贤者过之,不肖者❸不及也。人莫不饮食也,鲜能知味也。"

子曰:"道其不行矣夫!"

注释

❶ 道:即中庸之德,之道。
❷ 知者:即智者,与愚者相对,指智慧超群的人。
❸ 不肖者:与贤者相对,指不贤的人。

解读

孔子说:"中庸的道理不能够实行,我知道原因了,这就是聪明的人做得过头,愚笨的人还达不到它的要求。中庸的道理不能昭示于世,我知道原因了,这就是贤能的人做得过头,不贤的人又达不到它的要求。就像人们每天都要吃喝,但很少有人能够真正品尝其中的滋味。"

孔子说:"中庸的道理恐怕不能够实行了啊!"

感悟

孔子阐明了人类行为的两种倾向——过激与不及,指出正确的行为准则就是中庸,即"适中"。

道之不行也

过激，只是指人们在所认识到的这个方向上走得很远，超过了时空的边界，于是不具备现实可行性；而不及，是指人们的认识不全面、不深入，没有达到事物发展的现实阶段。其实质是，他们都没有把握到事物的全貌，没有认识事物的必然发展规律。是在一条路径上的踯躅，而不是对事物全面的把握。

而无论是过还是不及，无论是智还是愚，或者说，无论是贤还是不肖，都是因为缺乏对"道"的自觉性，所以，提高自觉性是推行中庸之道至关重要的一环。

故事链接

祖逖闻鸡起舞

祖逖（266年—321年），字士雅。河北范阳遒县人，中国东晋初有志恢复中原而致力于北伐的大将。

祖逖是个胸怀坦荡、具有远大抱负的人。可他小时候却是个不爱读书的淘气孩子。进入青年时代，他意识到自己知识的贫乏，深感不读书无以报效国家，于是就发奋读起书来。

他广泛阅读书籍，认真学习历史，从中汲取了丰富的知识，学问大有长进。他曾几次进出京都洛阳，接触过他的人都说，祖逖是个能辅佐帝王治理国家的人才。

祖逖24岁的时候，曾有人推荐他去做官，他没有答应，仍然不懈地努力读书。后来，祖逖和幼时的好友刘琨一同担任司州主簿。他与刘琨感情深厚，不仅常常同床而卧、同被而眠，而且有着共同的远大理想：建功立业，成为国家的栋梁之材。

有一次，半夜里祖逖在睡梦中听到公鸡的鸣叫声，他一脚把刘琨

| 中　庸

踢醒，对他说："你听见鸡叫了吗？"

刘琨说："半夜听见鸡叫不吉利。"

祖逖说："我偏不这样想，咱们干脆以后听见鸡叫就起床练剑如何？"刘琨欣然同意。于是他们每天鸡叫后就起床练剑，剑光飞舞，剑声铿锵。冬去春来、寒来暑往，从不间断。

功夫不负有心人，经过长期的刻苦学习和训练，他们终于成为能文能武的全才。祖逖被封为镇西将军，实现了他报效国家的愿望；刘琨做了征北中郎将，兼管并、冀、幽三州的军事，也充分发挥了他的文才武略。

舜其大知也与

子曰："舜其大知也与！舜好问①而好察迩言②，隐恶而扬善，执其两端③，用其中于民，其斯④以为舜乎！"

注释

① 好问：喜好向别人请教。
② 察迩（ěr）言：细听理解旁人浅近的言论。
③ 两端：两个方面。
④ 斯：代词，这，此。

解读

孔子说："舜真是具有大智慧的人啊！他喜欢向人提问题，又善于分析别人浅近话语里的含义。他能隐藏人家的坏处，宣扬人家的好处，能够掌握人们认识上过与不及两个方面，并且能够取中间的意见施行于民众，这就是舜之所以能成为舜的原因吧！"

感悟

这一章，孔子通过赞扬舜来表达自己对于修身、治国的观点，即隐恶扬善，执两用中。既是不偏不倚、无过无不及的中庸之道，又是杰出的领导艺术。要真正做到，当然得有非同一般的大智慧。

困难之一在于，要做到执两用中，不仅要有对于中庸之道的自觉意识，而且得有丰富的经验和过人的识见。困难之二在于，要做到隐恶扬善，更得有博大的胸襟和宽容的气度。

故事链接

戴逵幕后听评

戴逵，字安道，谯郡铚县人，居会稽剡县。东晋著名美术家、雕塑家。他富有巧艺，绘画而外，又善于弹琴，更以擅长雕刻及铸造佛像而知名。

戴逵在艺术上取得的成就，和他虚心以人为师、听取意见是分不开的。他在为瓦棺寺塑五世佛之前，曾为会稽山阴灵宝寺做木雕无量寿佛及胁侍菩萨。

这尊六尺高的无量寿佛木像，是戴逵精心制作的成功作品。但是，他还不满足，为了吸取众人智慧，使作品在艺术上达到炉火纯青的地步，他邀请了许多人欣赏木像，并希望他们随意评头品足。

可是事与愿违，欣赏木像的人们总是当着戴逵的面尽说些好听的话，提意见也是轻描淡写。这怎么能行呢？戴逵征求意见是诚心诚意的。于是，他灵机一动，便藏在木像后面的帏幔里偷听。凡是欣赏木像的人对木像提出的缺点，他都一一记下来，等人们散去，他就进行修改。

如此三年，直到欣赏木像的人提不出意见了，戴逵才将木像送到灵宝寺。这尊木像汇集了众人智慧并经反复修改，其雕刻水平达到了无与伦比的地步，吸引前去参观的人络绎不绝。山阴太守、大名士郗超也慕名前往观看。这尊木像一直保存到唐朝，那时的一些著名画家、雕塑家也前去观摩学习。

贾思勰请教牧羊倌

贾思勰（xié），北魏益都人，生平不详，曾任高阳郡太守，是中国古代杰出的农学家。约在北魏永熙二年至东魏武定二年间（533—544年），贾思勰著成综合性农书《齐民要术》。

贾思勰在20岁时，对养羊产生了兴趣。于是，他每天早晨把羊放出去，羊就自己找草吃，草是不必花钱的，他养了两百多只，结果到了冬天，羊死了一大半，而活下来的又瘦又弱，毛也干干巴巴，没一点儿光泽。

这可怎么办呢？去向牧羊人请教吧。第二天，贾思勰早早起来找到了羊倌，羊倌听了他的讲述，对他说："一到冬天，饲料不足，营养不够，羊自然会被饿死。"

中 庸

第二年，贾思勰种了几十亩大豆，把饲料准备得足足的。可是到了冬天，羊又死了不少。他决定还是去请教请教有经验的人。他走了一百多里路，找到了一位年纪更大的牧羊人，这个人已有40年的养羊经历了。

老牧羊人听了贾思勰的来意后问："你的大豆是怎样喂羊的？"

贾思勰说："我把它撒在羊圈里了，羊可以随便吃。"

牧羊人说："那怎么行呢？羊最爱干净，羊圈里又是屎又是尿，豆子撒上去，羊也不会吃，它们宁可饿着。"

贾思勰听了老牧羊人的话，连忙向他道谢。

回村后，贾思勰按照老牧羊人的意见打制了食槽，吊在较高的位置上，羊要伸长了脖子才能够着。每次只喂一点点大豆，等羊吃完了再放，每天定时喂养。

贾思勰又用桑树围成一个圆形的栅栏，里面堆放饲草，使羊爬不上去，只能围着草栅栏转。如果羊饿了就从空隙往外抽草吃，能吃多少就抽多少，一点也不浪费。草栅栏有一丈多高，下边的草吃完了，上部的草就自动往下降，很是省事。

冬天过去，春天又来了，一只羊也没死，羊毛也又密又软，油光瓦亮，贾思勰高兴极了。之后，贾思勰多次向羊倌请教，并在实践中不断摸索出了许多有益的经验，不但知道冬天怎样养羊，也了解和摸索出了春夏秋三季养羊的经验。

在实践中，贾思勰还有了独到发现。之后他又研究了花椒、大蒜、黏谷子等农作物的生长情况。晚年，他把一生积累的农事经验编著成《齐民要术》一书，对后来的农业生产指导帮助极大。

人皆曰予知

子曰："人皆曰予❶知❷，驱而纳诸罟❸擭❹陷阱之中，而莫之知辟❺也。人皆曰予知，择乎中庸而不能期月❻守也。"

注释

❶ 予：第一人称代词，我，自己。
❷ 知：通"智"，明知，聪明。
❸ 罟（gǔ）：捕兽的网。
❹ 擭（huò）：装有机关的捕兽木笼。
❺ 辟：通"避"，避免。
❻ 期月：指一个月的时间。

解读

孔子说："人们都说自己是明智的，但是在利欲的驱赶下，他们却像禽兽落入网罟、木笼、陷阱一样，不知道躲避；人们都说自己是明智的，但是选择了中庸的道理，却连一个月也坚持不下去。"

感悟

自以为聪明的人，好走极端，走偏锋，不知适可而止，不合中庸之道，往往自投罗网而自己却不知道。另一方面，虽然知道适可而止的好处，但好胜心难以满足，欲壑难填，结果在错误的道路上越走越远，不知不觉间又放弃了适可而止的初衷，背离了中庸之道。所以本章劝人

中 庸

们不要聪明反被聪明误。

故事链接

荆浩受教于山野老人

五代后梁画家荆浩年轻时因逃避战乱，隐居太行山洪谷，埋头学画。

有一天，荆浩因迷路走到一个乱石林立的峡谷里，只见峡谷里小溪清澈、古松参天，便摊纸作画。后来，日日写生，画艺也飞速进步了。

第二年春天，荆浩又去峡谷作画，路上碰见一个衣着简朴的老人。老人见了荆浩，亲切招呼，说："你又来作画呀？"荆浩少年气盛，见老人像个山野老农，只嗯了一声，又昂然举步了。

"你知道画法吗？"老人并不生气，举杖随行。

荆浩以为老人轻视他，心里有气，就顺口说道："画画嘛，画得像就好。"

"你说错了。"老人感慨地说，"我见你天天到此临画山景，风雨不辍，精神可嘉。但你只能画外形，那怎么行呢？画者，刻画也。要深入领会描写对象的特点和精神实质，才能形神兼备，精巧入微啊！"

荆浩大吃一惊，忙问老人姓名，以便登门求教。谁知老人笑而不答，飘然而去。

从此，荆浩虚怀若谷，听取不同意见，汲取各家之长，独创一格，终于成为名家，被后人尊崇为山水画的宗师。他自己也终身忘不了那位不知姓名的老人。

回之为人也

子曰:"回①之为人也,择乎中庸,得一善,则拳拳②服膺③而弗失之矣。"

注释

① 回:颜回,字子渊,孔子的学生,春秋末鲁国人,德高,后世尊他为"复圣"。
② 拳拳:牢握不舍。
③ 服膺:忠心信服,牢记在心。

解读

孔子说:"颜回这个人,当他选择了中庸之道,并得到了它的好处,他就牢牢地记在心中,而不再失去它。"

感悟

这是针对前一章所说的那些不能坚持中庸之道的人而言的。作为孔门的高足,颜回经常被老师推荐为大家学习的榜样,在中庸之道方面也不例外。一旦认定,就坚定不移地坚持下去。

这是颜回的作为,也是孔圣人"吾道一以贯之"的风范。为此,颜回被历代的儒学大家们歌颂、效仿。

中 庸

故事链接

孙康映雪夜读

孙康，晋代京兆人，孙秉之子，东晋长沙相孙放之孙。孙康幼时酷爱学习，常常感到时间不够用。他想夜以继日地读书，可家中贫穷，没钱购买灯油。一到天黑，便没有办法读书。

一天半夜，孙康从睡梦中醒来，把头侧向窗户时，发现从窗外透进几丝白光。开门一看，原来下了一场大雪。屋顶白了，地上白了，树上也白了，整个大地披上一层银装。他忽然心中一动：映着雪光，可否读书呢？

他急急忙忙跑回到屋里，拿出书来对着雪地的反光一看，果然字迹清楚，比一盏昏黄的小油灯要亮堂得多呢！于是他感觉不到困了，立即穿好衣服，取出书籍，在雪地上孜孜不倦地看起书来。

从此，孙康不再为没有灯油而发愁。功夫不负有心人，孙康砥砺求进，学有大成，终于成为一位很有名望的御史大夫。

天下国家可均也

子曰:"天下国家可均①也,爵禄②可辞也,白刃可蹈③也,中庸不可能也。"

注释

① 可均:可以治理公正、公平。
② 爵禄:官爵俸禄。
③ 蹈:踩,踏。

解读

孔子说:"天下国家可以公正地治理,官爵俸禄可以推辞不受,雪白利刃可以踩踏而过,但是,在恪守中庸之道却是很难做到的。"

感悟

孔子对中庸之道持高扬和捍卫态度。事实上,一般人对中庸的理解往往过于肤浅,看得比较容易。孔子正是针对这种情况有感而发,所以把它推到了比赴汤蹈火、治国平天下还难的境地。其目的还是在于引起人们对中庸之道的高度重视。

中庸既是可行的,也是切近的,而且完全能够付诸人们的行为实践,但在现实社会,人们难免受到各种诱惑,受到各种杂念的干扰,也就不可能做到尽善尽美。

人的生存就在于使自己和自己周围的一切合乎道德,就在于道德

中 庸

的日益自我完善，使社会更加和谐，从而使人本身日益幸福，但是，从人的社会角度来看，这又是多么的难以实现，因此，这种认识的和道德的完美结合，成为人们追求的目标。

故事链接

许由不受惑

许由，字道开，号武仲，是尧舜时代的贤人。许由自幼农田躬耕，不营世利，讲道义，守规矩，邪膳不食，邪席不坐。

尧帝86岁时（公元前2287年），深感衰老，儿子丹朱不肖，不愿因爱子而误天下。听说许由清高大志，便派人求贤，欲禅让帝位。

许由说："匹夫结志，固如磐石，采山饮河，以求陶冶情操，非求禄位；纵情游闲，以求安然无惧，非贪天下。"

尧得知许由不轻移其志，便登门拜访。许由仍推辞说："我年纪大了，需求无多，还是当个臣民吧！"于是连夜逃往箕山颍水旁，农耕而食。

尧又找到了许由，请他任九州官长的职务。许由不想听这种世俗的名利诱惑，就到颍水之滨，以流淌不息的河水清洗他被名禄之言玷污了的耳朵。然后，他就永远隐居在白云缭绕的箕山上。

许由死后，就埋葬在这座高山上，从此箕山就叫许由山。许由淡泊名利的崇高节操使自己赢得了后世的尊敬，被尊奉为隐士的鼻祖。战国时代的思想家荀子称赞说："许由善卷，重义轻利行显明。"

子路问强

子路问强❶。子曰:"南方之强与?北方之强与?抑而强与?宽柔以教,不报无道,南方之强也,君子居之。衽金革,死而不厌,北方之强也,而强者居之。

"故君子和而不流❷,强哉矫!❸中立而不倚,强哉矫!国有道,不变塞❹焉,强哉矫!国无道,至死不变,强哉矫!"

注释

❶ 强:最上等的好,最上等的强大。
❷ 和而不流:禀性柔和而又不随波逐流。
❸ 矫:武勇之貌,形容强有力的样子。
❹ 不变塞:不改变志向。

解读

子路问怎样才称得上强。孔子回答说:"你问的是南方的强呢,还是北方的强呢?或者是你自己认为的强呢?教育人们宽缓柔和,对不讲道义的人不加报复,这是南方人的强,君子就持守这种强。以刀枪为枕,以铠甲为席为卧,驰骋战场死而无悔,这是北方人的强,强悍勇武的人就持守这种强。

"所以君子与人平和相处而又不丧失自己的原则立场,这才是真正的强啊!君子恪守中庸之道而无偏无倚,这才是真正的强啊!国家政治清明,不因挫折而改变自己的志向,这才是真正的强啊!国家政局混乱,社会动荡不安，至死也不改变自己的道德节操，这才是真正的强啊！"

感悟

子路性情鲁莽，勇武好斗，所以孔子教导他：真正的强不是体力的强，而是精神力量的强。精神力量的强体现为和而不流，柔中有刚；体现为中庸之道；体现为坚持自己的信念不动摇，宁死不改变志向和操守。孔子在这里所强调的，还是"中立而不倚"的中庸之道，儒学中最为高深的道行。

自尊就是自强，捍卫人格的尊严，才是真正的强。《易经》曰："天行健，君子以自强不息。"意思是说：天道运行雄健周到，周而复始，无止无息，无可阻挡，君子应自立自强，奋斗不懈。

生活中，一个坦荡真诚的人，能够尊重别人、善待别人，因而自然能够赢得别人的尊重和敬重。奋发努力，能够无条件地帮助朋友，永不屈待近邻的人，必定是一个自信自强的人，必定具有高尚的品格。在生活的严峻斗争中，最终将取得胜利，并将获得人们的肯定。

重要的是修养品格，其他的一切都不重要，金钱财富、聪明才智、权势地位……与人品相比，这一切总显得微不足道，都不足凭恃，物质资本或可见效于一时，却不能保持到长远；或可见用于势利之徒的附和，随风而举动，但是对于正直的有识之士，却显得无用，唯有人品，才能使我们的人生立于不败。

故事链接

唐太宗宽柔以教，不报无道

唐太宗，生于武功之别馆，是唐高祖李渊和窦皇后的次子，唐朝

子路问强

第二位皇帝（626—649年在位），杰出的政治家、战略家、军事家、诗人。

唐太宗之所以能够得到无数臣民的拥戴，除了他勤于政事、爱民如子之外，还有一个重要的原因就是他"宽柔以教，不报无道"，甚至对待罪人，也能动之以情。

侯君集是唐朝开国功臣之一，后来，他居功自傲，又颇贪婪。在平定高昌国时，未经报告，将一些无罪的人收为家奴，又私自取得高昌国的大量宝物，据为己有。上行下效，将士们也学着主帅，纷纷窃盗，侯君集因为自己有短，也不敢去管。

班师回朝后，被人揭发，送进了大牢。后来虽然被释放，从此却心怀不满，萌发了谋反的念头，与那个荒唐之极的太子李承乾搅混在一起，鼓动他闹事，他曾伸出粗壮的大手，对太子说："这双好手，当为殿下效力！"

后来，他的阴谋败露了，唐太宗亲自将他传来，对他说："你是有

功的大臣，我不想让你去受狱中官吏的侮辱，因此亲自来审讯你。"

侯君集先是不承认，唐太宗召来了证人，将他谋反的前后经过一件一件陈列出来，又出示了他与太子往来的密谋信件。侯君集理屈词穷，只好认罪。

唐太宗征求大臣们的意见说："君集立过大功，留他一条活命，你们看行吗？"大臣们都不赞成，唐太宗长叹一声说："只好与足下永别了！"说完泪如雨下。

侯君集后悔莫及，临刑时，对监刑的将军说："没想到我侯君集会落到这个地步，可我早年便追随陛下，在平定异族时也立有大功，请求陛下能留下我一个儿子，以保全我侯氏这一门的血脉。"

按照封建社会的法律，侯君集这种谋反的罪人，不仅要满门抄斩，而且要祸及九族。可唐太宗却网开一面，赦免了他的夫人及儿子的死罪，只是把他们流放到岭南。

唐太宗能以一种包容的心态，对待一个常人看似不可饶恕的罪人，更让他的臣子们对他增加了几分仰慕之情，心甘情愿地为他效力。

唐太宗"不报无道"，对待背叛自己的罪人也能够手下留情，使他们即使受罚被杀仍旧感恩戴德，可想而知，他身边其他的臣子们又如何会不尊崇这位德高望重的皇帝？

在现实生活中也同样如此，以宽广的胸怀对待曾经陷害过你的人，能够显示出你极高的品德修养，也能够让你周围的众人对你刮目相看，这是一种无声的力量，这种"强"可以使你赢得更多的支持。

素隐行怪

子曰:"素①隐行怪,后世有述焉,吾弗为之矣。君子遵道而行②,半途而废,吾弗能已矣。君子依乎中庸,遁世不见③知而不悔,惟圣者能之。"

注释

① 素:据《汉书》,应为"索",探索、寻找的意思。
② 遵道而行:遵循德道规范而行。
③ 遁世不见:埋没而不显现。

解读

孔子说:"世间有人喜欢探索隐僻的事理,做奇异怪诞的事情,后世虽有所称述,我也不去做那样的事。君子遵循中庸之道行事,往往有人会半途而废,我却不能够停止。君子依从中庸之道行事,虽然隐居不为人所知也不后悔,这只有圣人才能够做到。"

感悟

古人不屑于为了一时的热闹而炒作,只是身体力行,以自己的苦行,传播天地的大道。道可兴,则乘势而济天下,道不可行,则独守其身。

然而,今人则不然。他们浮躁的心灵耐不得寂寞,更向往虚浮的奢华,于是,为了扬名,人们竭尽智思奇巧,进行着千奇百怪的炒作,将他们的智巧不是用在悟道求知上，而是用在炒作上，因而，应运而生了新的职业：策划与包装。

经过了特定的制作，在一番精心的装扮之下，一夜之间麻雀变孔雀，糟粕成优秀，就像变魔术一样简单、快捷，然而，在一阵的喧嚣之后，泡沫破灭，什么也没有剩下，只有一堆思想的灰烬，一切的道义便被颠覆，不可收拾。

沿着自己选择的方向，坚持不懈地走到底，这种一往无前的无畏精神是令人钦佩的，也是为圣人所赞赏的，不要左顾右盼，也不要被别人的成就或是所得迷了自己的双眼，要有"路漫漫其修远兮，吾将上下而求索"的独立精神；要有心无旁骛，只是自己努力的坚持精神；更要有淡泊名利，即使没世而无闻终也不悔的牺牲精神。那种遭到挫折就张皇失措，遇到困难就改弦易辙的所谓明智的做法，是不值得称道的，最终也是不会有成就的。

故事链接

陈实功一生潜心学医

陈实功，字毓仁，号若虚，生于明世宗嘉靖三十四年（1555年），江苏东海人，中国明代外科学家。

陈实功幼年多病，少年时期即开始习医，师从著名文学家、医学家李沧溟李先生。李先生认为："医之别内外也，治外较难于治内。何者？内之症或不及外，外之症则必根于其内也。"此话对陈实功影响颇深，并成为他数十年医疗生涯的座右铭。陈实功改变了过去外科只重技巧而不深研医理的落后状况，在发展外科医学方面起到了重要作用。

由于当时身处封建社会中，人们更加注重内科，轻视外科，这是因为外科医学同内科医学相比较而言，外科医学缺少详尽的基础理论。陈实功在往常的治病行医中已深刻认识到这一点。

陈实功兴趣广泛，所阅书籍涵盖古代文化、哲学、理学，古今前贤的著作以及历代名医的理论、病案等一类书籍，他更是勤学苦读，爱不释手。对于古代典籍，陈实功从不死记硬背、生搬硬套，而是融会贯通，灵活运用，把自己在行医实践中取得的一些经验与古人治病方法相互结合，总结出一套适合于大众的，实际中切实可行的理论。他继承和发展了著名医学家李沧溟的观点，并根据病者的实际病况，采取内治或内治、外治相结合的方法。在外科手术治疗上，尤为突出。由于他医术高明，因而名声大震，登门求医者络绎不绝。

由于不断实践，他在外科理论和外科手术方面都有独到之处。为了使外科医学能够让更多的人重视起来，让更多的行医者掌握方法技巧，陈实功把外科大小诸症，分门别类地从病理、症状、治法、典型病理以及药物的炼制等一一记载下来，在万历四十五年写成了《外科正宗》。

陈实功不但医术高明，而且医德高尚，作风正派，对同道之士谨慎谦和，对上进青年能提携爱戴，对病人，无论穷富贵贱都能一视同仁。他不仅为穷人看病不收分文，而且还捐资赠物，修建山路，造福一方。

陈实功是中国历史上一位杰出的外科医学家。清代名医徐灵胎对他的《外科正宗》有很高的评价，推荐为学习外科的教科书。现代一般外科中医师也都重视这部著作，把它作为必读之书。

陈实功重视医学基础理论，提倡"治外必本诸内"的学说，反对轻视诊断，乱投药物，纠正外科易于内科的错误观点，对疑难病例据实客观分析，以及在外科疾病诊断、治疗、手术等方面敢于求索创新的精神，至今仍然值得我们借鉴。

中　庸

君子之道费而隐

君子之道费而隐①。夫妇②之愚，可以与知焉，及其至也，虽圣人亦有所不知焉；夫妇之不肖，可以能行焉，及其至也，虽圣人亦有所不能焉。

天地之大也，人犹③有所憾。故君子语大，天下莫能载焉；语小，天下莫能破④焉。

注释

① 隐：看不见、听不到、摸不着，形容及其精微。
② 夫妇：匹夫匹妇，指普通男女。
③ 犹：尚且，越是。
④ 破：破解、分开。

解读

君子所恪守的中庸之道广大而又精微。匹夫匹妇虽然愚昧，也可以知道一些浅显知识，至于知识的精微之处，即使是圣人也有不知道的；匹夫匹妇虽然不贤，也可以做力所能及的事，至于达到其精妙之处，即使是圣人也有不能达到的。

天地如此辽阔博大，人们对它还有不满足的地方。所以君子说起大事来，天下没有人能够承担它；说起小事来，天下没有人能够加以剖析。

君子之道费而隐

感悟

中庸之道，如同老子所说的"道"一样，是最具广泛性的人生哲理，它从宇宙存在之日起就自然而然地存于世间万物而生长、活动、变化，以至融入其中了，因此它无所不包。

中庸之道虽然广大，可是本身却并不明显。中庸之道是真实存在的必然性规律，然而它却是无言的，无边无际的，它孕育了天地万物，并使天地万物感受到它的存在和力量，比如人们看到的自然界万物相互制衡的现象。对于如此高深的中庸之道，普通人却并不一定就注定要望"道"兴叹，因为中庸之道不仅涵盖圣哲们也难以把握的宏大哲理，也包括普通男男女女所能理解的日常生活中的生存智慧。

同时，中庸之道又常常高深得连圣人也把握不好，比如说，天地是最以正道行事的了，可是也不可避免地发生自然灾害，那么从大的方面说，即使是有道德的人对中庸之道的高深境界也不可能全部精通，所以说，中庸的道理是"语大，天下莫能载焉；语小，天下莫能破焉"。

如此结合起来，使道既广大又精微，既有普及性又有提高性，既下里巴人又阳春白雪，说到底，是一个开放的、兼容的、可发展的体系。

故事链接

密须奋劝人取长补短

越国人甲父史和公石师各有所长。甲父史善于计谋，但处事很不果断；公石师处事果断，却缺少心计，常犯疏忽大意的错误。因为这两个人交情很好，所以他们经常取长补短，合谋共事。

中 庸

  但是后来,他们在一些小事上发生了冲突,吵完架后就分了手。此后两人各自做什么事都难以成功。这时,有一个叫密须奋的人就规劝两人说:"你们听说过海里的水母吗?它没有眼睛,靠虾来带路,而虾则分享着水母的食物。这二者互相依存、缺一不可。在北方还有一种肩并肩长在一起的'比肩人'。他们轮流着吃喝、交替着看东西,死一个则全死,谁也离不开谁。现在你们两人与这种'比肩人'非常相似。你们和'比肩人'的区别仅仅在于,'比肩人'是通过形体,而你们是通过事业联系在一起的。既然你们独自处事时连连失败,为什么还不和好呢?"

  甲父史和公石师听了密须奋的劝解,对视着会意地说:"要不是密须奋这番道理讲得好,我们还会单枪匹马受更多的挫折!"于是,两人言归于好,重新在一起合作共事。

鸢飞戾天

《诗》云❶:"鸢❷飞戾❸天,鱼跃于渊。"言其上下察❹也。君子之道,造端乎夫妇;及其至也,察乎天地。

注释

❶《诗》云:《诗经》说。
❷ 鸢(yuān):鹞鹰。
❸ 戾(lì):到达。
❹ 察:清晰,明彻。

解读

《诗》说:"鹞鹰飞到天上,鱼儿跃入深潭。"这两句诗是比喻中庸之道上达于天、下至于地。君子所恪守的中庸之道,发端于匹夫匹妇的浅近知识,推究到深奥精妙处,便昭著于天地万物之间。

感悟

每一个人都拥有自己的太阳、月亮和星星,在这个完全属于自己的小天地里,人们应该朝气蓬勃,从容优雅地生活,努力理解生命的意义,努力实践它永恒的精神价值。

每个黎明都充满千姿百态,变幻无穷的美。从初升的旭日中,人们会发现每天新的快乐,找到最甜蜜、最柔和、最纯真、最让人心灵震撼的伴侣。对于芸芸众生来说,无论他们再怎么努力,也只能使彼此空

中　庸

间距离缩短到一定的程度，却无法使他们的心智靠近到没有距离，更没有人能够完全不顾中庸而在社会中生活，所以中庸之道既易又难。

凡事都有一知半解与精通的区别，匹夫匹妇与"圣人"的分别也在此。在现实生活中，最需要做到的就是"精通"二字，努力摆脱一知半解，竭尽全力把自己的专业研究清楚，才能逐渐超越自己，超越别人。

故事链接

郭守敬不懈钻研

郭守敬，字若思，顺德府邢台县人。元朝著名的天文学家、数学家、水利工程专家。早年师从刘秉忠、张文谦，官至太史令、昭文馆大学士、知太史院事，世称"郭太史"。

郭守敬十五六岁时，得到了一份古人用仪器观测到的日月星辰景象的"璇玑图"，他被吸引住了。他不但认真地阅读了这份图，还亲自动手用竹篾制造了一台浑天仪，修了一个安放这个浑天仪的土台，直接观测天空星辰的位置。

后来，郭守敬以其才学得到了元朝统治者的重用，郭守敬负责仪器制造和天文观测。首先，他和王恂等人亲自主持了编订新历的工作。经过多年努力，1280年，新历告成，被定名为"授时历"，并于次年正式颁行。

郭守敬在负责仪器制造过程中，对旧的天文仪器逐一检查，并与工匠配合，研制成10多种新的天文仪器。其中的圭表测影技术，在当时有了明显的进步。为了克服表端的影子因日光散射而模糊不清的问题，郭守敬创新了4丈高的圭表，为传统8尺圭表的5倍。

自北宋起，制造的浑仪特别多，为了测量各种不同坐标值的需要，浑仪上增设了越来越多的环，其固定的装置，有地平、子午、天常等环，能够旋转的环有白道、赤道、黄道环等。以致八九个圆环遮掩了很大的天区，使用起来很不方便，而且校正起来也很困难。

北宋的沈括取消了白道圈，郭守敬借鉴了沈括的做法，又取消了黄道圈，并创造性地设计和制造了著名的简仪，简仪改变了测量三种不同坐标的圆环集中装置的方法，把它分解为两个独立的装置，从而简化了仪器结构，保留了四游、百刻、赤道、地平四环，增加了立运环。

这样，除了北天极附近的天区外，对绝大部分天区，一览无余。郭守敬又在窥衡两端圆孔中央各置一线，增加了观测的准确性，为了观测赤经差，又在赤道环面上安装了两条界衡，界衡两端用细线极轴与北端连接，这样测量的精确度又大大提高了。

郭守敬还在赤道装置上放置一个候极仪，使候极仪轴线和极轴平行，可以随时校正赤道装置。他又将一个固定的地平环和一个直立可转的立运环以及窥衡构成一个地平装置。这是我国天文仪器中第一次出现的一个独立的地平经纬仪结构，能同时测量地平经度和高度，当时称之为"立运仪"。

郭守敬是一位著名的天文仪器设计制造家。除了圭表、简仪、立运仪以外，他所制的著名仪器还有用于观测太阳位置的仰仪、可以自动报时的七宝灯漏、观测恒星位置以定时刻的星晷定时仪以外及水运浑象、日月食仪、玲珑仪等。郭守敬还是一位著名的天文观测家、水利工程专家。

郭守敬一生不懈地钻研探索，取得了丰硕的科学成就。他在天文和水利等方面的研究中，勇于实践，注重实测，大胆创新，以其重大的科学贡献为中华民族赢得了荣誉。对推动中国科学技术的发展做出了巨大的贡献。

中 庸

三藏法师的假博学

在隋朝时，有个和尚叫三藏法师。他对佛经也学了一些，但学得不深，只懂得几许皮毛，可是他常常大言不惭，自诩为天下佛学权威。有一天，三藏法师照例设斋拜佛，讲经说法，各地佛教信徒慕名赶来，将设置讲桌的斋坛围得水泄不通，三藏法师清了清嗓子，摸了摸头合掌于胸前，微闭双目，口中念念有词，脸含笑，正式地讲起学来。

信徒们一齐恭而敬之地聆听三藏法师那天书似的教课，有的实在听不懂，只能怪自己脑子笨。

好容易等三藏法师讲完了，那些健嘴巧舌的子弟便迫不及待地提出一些稀奇古怪的难题来，哪知三藏法师竟是对答如流，而且还说这答案出自什么什么佛经。从没有看过什么佛经、文化水平很低的信徒们，个个仰望着大师诚惶诚恐地崇拜起来。

此刻，三藏法师显现出一派志得意满的神气，眼睛微微乜斜着，流露出"天下佛学舍我其谁"的狂妄之态。忽然，一个十二三岁的孩子从信徒人群中倏地站了起来，大声问："大师，我记得有部佛经上写着关于野狐和尚的事，它把'狐'叫作'阿阇黎'，意思就是可作规范的高僧。请问，这部佛经叫什么名字？"

三藏法师听了面色刷地变白，一时语塞，但毕竟他吹牛讲学多年，阅历丰富，便马上来了个偷换论题的把戏，向小孩严厉反问道："你这小鬼嗓子尖，个儿小，怎么不拿'声音'来补养身子呢？"

小孩不甘示弱，当即来个针尖对麦芒，反唇相讥道："请问你眼窝深，鼻子长，怎么不割下鼻子来充补眼睛呢？"三藏法师又羞又恼，正待发作，坛下却哄然大笑起来。

道不远人

子曰:"道不远人。人之为道而远人,不可以为道。《诗》云:'伐柯伐①柯,其则不远。'执柯以伐柯,睨②而视之,犹以为远。故君子以人治人,改而止。忠恕,违道不远,施诸己而不愿,亦勿施于人。

君子之道四,丘未能一焉:所求乎子,以事父未能也;所求乎臣,以事君未能也;所求乎弟,以事兄未能也;所求乎朋友,先施之未能也。

庸德之行,庸言之谨,有所不足,不敢不勉,有余不敢尽;言顾行,行顾言,君子胡不慥慥③尔。"

注释

① 伐:砍伐。
② 睨:斜着眼睛看。
③ 慥(zào)慥:忠厚诚实的样子。

解读

孔子说:"道并不排斥人。如果有人实行道却排斥他人,那就不可以实行道了。《诗经》说:'砍伐斧柄啊砍伐斧柄,斧柄的样式就在眼前。'拿着斧柄来砍伐斧柄,斜着眼睛看一下,就觉得新旧斧柄相差还很远。所以总是根据不同人的情况采取不同的办法治理,直到人们改正过错

中 庸

为止。能够做到忠恕，离中庸之道就不远了。自己不愿意的事，也不要施加给别人。

君子要遵循的道德有四项，我孔丘连一项也不能做到：要求做子女的要孝顺父母，我自己却不能做到这一点；要求做臣下的要忠于国君，我自己却不能为国尽忠；要求做人弟的要尊敬兄长，我自己却不能做到这一点；要求做朋友的要遵守信用，我自己却未能首先这样做。

常按照道德的要求行事，常说话要小心谨慎，有不足的地方不敢不努力自我勉励，有长于他人的地方不敢完全显露，说话时要考虑能不能实行，做事时要考虑是不是言行一致，能够这样去做，这样的君子怎么会不忠厚诚实呢？"

感悟

道不可须臾离的基本条件是道不远人。换言之，一条大道，欢迎所有的人行走，相反，如果只允许自己走，而把别人推得离道远远的，就不是道了。

推行道的另一条基本原则是从实际出发，从不同人、不同的具体情况出发，使道既具有"放之四海而皆准"的普遍性，又能够适应不同个体的特殊性。这就是普遍性与特殊性相结合。

既然如此，就不要对人求全责备，而应该设身处地，将心比心地为他人着想，自己不愿意的事，也不要施加给他人。因为金无足赤，人无完人。所以，要开展批评，也要开展自我批评。圣贤如孔子，不就从四大方面对自己进行了严厉的批评吗？那就更不要说我们这些凡夫俗子了。

只要你做到忠恕，也就离道不远了。说到底还是要"言顾行，行顾言"，凡事不走极端，这就是"中庸"的原则，就是中庸之道。

故事链接

丙吉以宽待车夫

丙吉,字少卿,西汉鲁国人。为人深厚,不伐善。治律令,任廷尉右监。赐爵关内侯。迁御史大夫,封博阳侯。任职期间,关心百姓疾苦,崇尚宽大,谦让好礼,世称贤臣。

对于官属掾史,务求掩盖他们的过错,传扬他们的好处。丙吉的车夫嗜酒。曾跟丙吉外出视察,醉酒呕吐在车上。随从的官员请示丙吉,建议辞退这个车夫。

丙吉说:"因为酒醉的小失误而赶走可用之士,这让他以后如何立身处世呢?就宽容他这次吧,只不过是玷污了丞相车上的垫褥罢了。"

这个车夫的原籍是边境之郡,熟知边塞突发紧急事务时的呈报方

式。这个车夫有次外出，恰巧遇见边郡递送紧急公文急驰来到。于是他就紧跟着来到公车探听消息，得知敌人侵入云中、代郡，他急速赶回相府，向丙吉报告了这一紧急情况。一会儿后，皇上召见丞相丙吉、御史，询问边境敌人入侵情况及应对之策。

丙吉从容答对，御史大夫因仓促间不明情况，而受到皇帝的责备，而丙吉被皇上嘉勉说"忧边思职"，这是得力于车夫的机敏。丙吉于是感叹说："士无不可容，能各有所长。假使我事先没有听到车夫说知这件事，哪里还能受到什么褒奖呢？"

丙吉在视察的路上，遇到人们群殴事件，多人死伤，横尸路边，丙吉经过这里时，不闻不问。前行不远，看见有人在赶着耕牛急走，牛已气喘急促，吐出舌头。

丙吉命令停住车子，让随行人员去问："耕牛奔跑几里路了？"

掾史觉得丞相处事有失得当，也有人因此而出语讥讽。他们议论说，丞相遇到群殴事件，死伤遍地，却不闻不问，如今看到一头牛奔跑，却关心之至，这是不是失掉了丞相的本分？

丙吉说："群聚斗殴，致相死伤，这是长安令、京兆尹的职责，应当由他们负责禁止、防备、追捕和审理，到年终奏请实行赏罚就行了。"

丙吉见掾史仔细听，又接着说："宰相的职责并不在于亲自过问处理打架斗殴这类小事。而现在正值春天，气温还不很热，我害怕如果牛行走不远就如此喘息，那么，这就意味着气候失调，不合节令，担心将会影响到百姓的生产和生活，因此我必须查问清楚这件事，这才是我视察的真正目的。"掾史听了心悦诚服。

君子素其位而行

君子素其位①而行，不愿乎其外。素富贵，行乎富贵；素贫贱，行乎贫贱；素夷②狄③，行乎夷狄；素患难，行乎患难。君子无入④而不自得焉。

注释

① 素其位：安于现在所处的地位。
② 夷：古代东方的部族。
③ 狄：古代北方的部族。夷狄泛指当时的少数民族。
④ 入：处于。

解读

君子处在他自己的位置上做他应该做的事，不羡慕本位之外的事物。处于富贵就做富贵者应该做的事，处于贫贱就做贫贱者应该做的事，身在夷狄就做夷人狄人应该做的事，身在患难中就做患难者应该做的事。君子无论处于什么情况下都是安然自得的。

感悟

君子既不擅自越权，又不推诿自己应当承担的责任，安分守己就是对现状的积极适应，是自信，是自重，是对自己命运的积极承担。不要强求自己去做力所不及或职责之外的事情，只注重自己该做什么，并努力做好，是什么角色，就做好什么事情，不该得到的就不要强求。一

中 庸

切烦恼与痛苦都来自人们自己内心的虚妄之想，而修养就是滤出人们心中的私念与杂质，使人们内心回归透明纯净。

通过自己正当的劳动，获得自己应该得到的正当的报酬，从而养育自己的生命，心安而理得，安适而惬意。不要羡慕别人，别人的长处可以借鉴，但无法直接获取，从自己的实际出发，把自己该做的做好。

现实中的人往往不能正确认识自己，迷失了方向，却又不甘于寂寞，不愿忍受平凡，不愿安于自己的现状，也不想做踏踏实实的努力，一味地想象着改变自己的命运。

于是，经不起诱惑，轻率冒险，结果不但没有得到预期的效果，反而使一切变得更糟。任何巧取或是强夺，都是没有用的，任何事业的成功都是在对现状的顺应并运用恰如其分的努力而取得的。

故事链接

庄子喻牛辞相

庄子，姓庄，名周，字子休，宋国蒙人，先祖是宋国君主宋戴公。他是东周战国中期著名的思想家、哲学家和文学家、道家学派代表人物，是老子哲学思想的继承者和发展者。后世将他与老子并称为"老庄"，将他们的哲学称为"老庄哲学"。

庄子淡泊名利，超脱世俗，不为欲望所羁绊，心念与天地万物为一体。他因崇尚自由而不应楚威王之聘，生平只做过宋国地方的漆园吏，史称"漆园傲吏"，被誉为地方官吏之楷模。楚威王想拜庄子为相，就派遣使者带着丰厚的礼物和很多的金钱迎接庄子。

庄子笑着对楚国使者说："千金之礼，这是厚重的礼物呵；卿相，是尊贵的地位呵。只是你难道看不见郊庙仪式上所献祭的牲畜吗？

君子素其位而行

养育多年，给它披着精美的饰物，送到太庙。这时，虽然想做一头普通的自由生活的牛，又怎么可能呢？你还是赶紧返回吧！我宁愿在淡泊无为中度日，也不愿做那头被宰杀的牛。"就这样，庄子在谈笑中拒绝了楚王的邀请。

当时惠施任梁国宰相。庄子便想到梁国去拜访他的朋友。惠施自认为自己的学识与才能都不及庄子，深恐庄子来了，自己的地位会出现动摇，担心相位会被庄子抢去，心中十分焦急忧虑，就派人在京城里寻找庄子。

庄子听说惠施这样的心态后，便主动去见他。庄子说："你知道南方有一种大鸟叫鹓雏吗？它从南海起飞，到达北海，中途如果没有遇到梧桐树，绝不栖息，如果看不见甘泉，绝不饮水，如果找不到练实，绝不肯啄食。然而，当它飞行经过一株古树上空时，树上的一只老鸱口里衔着一只死老鼠，看见鹓雏远远飞来，以为鹓雏要抢它的死老鼠，紧张得张牙舞爪，大声呵斥'去'，试图阻止鹓雏不要接近；但是鹓雏哪

47

有兴致去抢它的死老鼠呢？只是沿着它的路途飞过。而可笑的是老鸱却把这只死鼠当作唯一的宝贝，以为谁都想抢呢！"

鲍宣之妻安守妇德

鲍宣，字子都，西汉渤海高城人。好学，明经，举孝廉为郎，大司空何武聘任鲍宣为西曹掾，不久又举荐鲍宣为谏议大夫，迁豫州牧。鲍宣直言敢谏，指出百姓有七亡七死而无一生，忧国忧民之心昭然。后任司隶。

鲍宣娶富豪桓氏的女儿少君为妻。当初，鲍宣曾经拜少君的父亲为师，少君父亲惊异于鲍宣在贫苦的条件下刻苦学习的精神，非常感动，认为鲍宣是一个有志有为的人，所以同意把女儿嫁给他。

少君出嫁时嫁妆十分丰厚。但是鲍宣的心里很不安，他对妻子说："少君呵，你从出生就生活在富裕骄奢的环境中，习惯了用精美的妆饰打扮，可是我出身贫寒，地位低下，没有能力拿出相当的彩礼，也不敢收下这样的厚礼。"

少君说："我的父亲就是因为您品德高尚，遵守法度礼仪，才把我嫁过来侍奉您。现在我是您的妻子，自当听从您的意愿。"鲍宣高兴地说："能够得到你这样的理解，这实在是我的心愿呵。"

于是少君把娘家陪送物品、首饰等全部送还，自己换穿上平民穿的短布衣裳，同鲍宣坐着鹿车回到家里。拜见婆母家人之后，就提着水桶出门挑水。从此，她改变了自己的生活习惯，恪守作为妻子应该具备的品德，奉行做媳妇的礼节，被乡邻宗族称赞。

在 上 位

在上位，不陵❶下，在下位，不援❷上，正己而不求于人则无怨。上不怨天，下不尤❸人。

故君子居易以俟命，小人行险以徼幸。子曰："射有似乎君子，失诸正鹄❹，反求诸其身。"

注释

❶ 陵：欺凌。

❷ 援：攀援，高攀。

❸ 尤：怨恨。

❹ 正鹄：箭靶中心的圆圈。

解读

处在上位的人不欺压处在下位的人，处在下位的人也不巴结奉承处在上位的人，端正自身而不苟求于他人，这样就不会有怨恨之心了。上不抱怨天，下不责怪人。

所以君子安分守己，等待时机，小人则冒险企图获得侥幸。孔子说："射箭的道理和君子行道有着相似之处：箭没有射中靶心，应该反过来检讨自己。"

感悟

与"这山望着那山高"密切相关的另一种迷失是不满足自己的职

中 庸

位,总是奢望向上爬,奢望高升,总是怨天尤人,而不像圣人所说的那样"反求诸其身"。用耕云先生的话说:这种人没有认识到"一部机器,大的轮轴固然重要,但如果少了一个小螺丝钉,就会出故障,就会由松散而解体。所以每个部门,每个环节,每个人的工作都很重要,也唯有人人都能构成需要,才能形成整体的健全"。

其实这也正是"螺丝钉"精神。只可惜很多人没有真正认识到这种精神的深刻内涵,不能"素其位而行",安分守己,提高自己的修养,而是心存妄想,只知道羡慕嫉妒别人,不惜采取一切手段向上爬,结果是深深地陷入无休无止的钩心斗角和无尽的烦恼之中,迷失了本性。

凡有奢望,必生烦恼。所以,不要去妄想什么,只问自己该做什么。多一些淡泊,少一点世俗。这就是素位而行,安分守己。

故事链接

来丹复仇启示

魏国人黑卵杀了来丹的父亲。来丹发誓要亲手用剑杀死黑卵。有一天,来丹的朋友问他:"你准备怎么报仇?"

来丹流着眼泪说:"希望你能帮我出主意。"

朋友说:"我听说卫国人孔周家里有三把宝剑,是他的先祖从商王那里得来的。那宝剑威力无比,一个小孩拿着就可以吓退三军,你为什么不借来报仇呢?"

于是来丹到了卫国,拜见孔周,把自己的遭遇告诉了他。孔周说:"我有三把宝剑,随便你选择哪一把。但它们都不能杀死人,你先听听它们的特点吧。"来丹点点头。

孔周说："第一把剑名叫含光。人看不到它的形状，挥动的时候甚至感觉不到它的存在。它划过物体，不会留下痕迹，也无法觉察到。"

来丹问："第二把剑呢？"

孔周说："第二把剑名叫承影。在清晨即将天亮的时候，黄昏太阳即将落山的时候，对着北面仔细观察它，可以看到影子若隐若现，但无法分辨它的形状。剑锋划过，发出轻微的声音，并不感到疼痛。"

来丹说："敢问第三把剑？"

孔周说："第三把剑叫宵练，白天只见影子不见光芒，夜晚只见光芒不见影子。它十分锋利，划过物体，伤口立刻复合，虽然感到疼痛，但看不到血光。这三把宝剑，你准备选哪一把？"

来丹说："即使它们杀不死人，我还是请求用第三把剑。"

孔周说："剑虽然杀不死人，但可摧心。心若死了，身体还有什么用呢？你要记住，皮肤刀枪不入并不厉害，真正高妙的人，能够让自己的内心外物不侵，你即使用这三把宝剑，也无法伤害他们丝毫。"

只有做到外物不侵入内心，端正自身心态，喜怒哀乐无法干扰自己，才能让自己真正刀枪不入，不受任何伤害。

中 庸

君子之道

君子之道，辟如行远必自迩❶，辟如登高必自卑❷。《诗》曰："妻子好合，如鼓瑟❸琴；兄弟既翕❹，和乐且耽；宜尔室家，乐尔妻帑。"子曰："父母其顺矣乎！"

注释

❶ 迩（ěr）：近处。

❷ 卑：低处。

❸ 瑟：一种多弦乐器。

❹ 翕（xī）：和顺，融洽。

解读

君子要遵循的道，就像走远路，一定要从近处出发；就像登高山，一定要从低处开始。《诗经》说："你和妻儿相亲相爱，就像弹奏琴瑟一样。你和兄弟相处和睦，和气安乐感情深厚。使你的家庭美满，使你的妻儿幸福。"孔子说："这样，父母就能够称心如意了！"

感悟

老子说："千里之行，始于足下。"荀子说："不积跬步，无以至千里；不积小流，无以成江海。"都是"行远必自迩，登高必自卑"的意思。万事总宜循序渐进，不可操之过急。否则，"欲速则不达"，效果适得其反。

一切从自己做起，从自己身边切近的地方做起。要在天下实行中庸之道，首先得和顺自己的家庭。这也是《大学》修、齐、治、平循序渐进的道理。

故事链接

郑文嗣治家有方

郑文嗣，字绍卿。元朝婺州浦江人。其治家有方，十世同堂，计历240多年，代代和睦相处。

郑文嗣去世以后，他的叔伯弟弟郑大和主持家事，治理更加严格，同时对家庭成员也更加关怀，使他们心悦诚服。他的家庭管理严格得如同官府，如果子弟中谁犯有过失，不分年纪老幼，仍然依据家规进行惩戒。

郑大和治理家政十分注重礼仪的教化作用。每到年节，就对子弟进行考评。大和端正地坐在堂屋正中，全家的众多子弟按照辈分，都穿着新衣服戴着新帽子，排着整齐的队列分列在左侧的屋檐下，依次进见，行拜、跪之礼，并举酒杯祝寿。

然后，拱手从右边退出。整个仪式庄重严谨，没有人喧哗谈论、影响队形，保留着上古遗传下来的古朴家风。

郑大和为人正直且遵守法度，不信仰佛教和道教，每逢遇到冠礼、婚礼以及丧葬大事都按朱熹规定的礼仪进行。全家众多子弟都受到教育感化，行为孝道谨慎。

在这个大家庭中，即使是曾经做过官吏的人，也不敢对家法有丝毫违犯。众多妇女只做妇女应该做的事，从来不允许干预家政。亲族乡邻都因为受到过恩惠而怀念。

中 庸

  朝廷得知这件事后，免除了他们家所有的租税和徭役，并派来使者书写了"东浙第一家"的匾额，对他们进行表扬和鼓励。

  郑家这个大家庭传承至明代，世代同堂已近300年。家族中，居家务农者，人人孝顺长辈；读书为官者，个个清正廉明。自七世祖郑绮（《宋史·孝义传》载有其事），传至郑文嗣、文融，又皆载入《元史·孝友传》。此后又有郑濂享有盛名，并以孝义而载入《明史·孝义传》。

鬼神之为德

鬼神之为德

子曰："鬼神之为德，其盛矣乎！视之而弗见，听之而弗闻，体物而不可遗。使天下之人，齐明盛服❶，以承❷祭祀。洋洋❸乎！如在其上，如在其左右。《诗》曰：'神之格思，不可度思！矧可射思！'夫微之显，诚之不可掩，如此夫。"

注释

❶ 盛服：即盛装，衣冠整齐端正。
❷ 承：奉，捧，继承。
❸ 洋洋：宏大充满、流动漂浮。

解读

孔子说："鬼神的德行，真是盛大无比啊！看它不见它的形状，听它听不到它的声音，它生养万物而无微不至、无处不在。让天下的人都斋戒沐浴，穿上华丽隆重的服装，以敬奉祭祀他们。浩浩荡荡啊，鬼神好像飘浮在人们的上空，又仿佛流动在人们的身旁。《诗经》说：'鬼神的来临，不可度测啊，怎能对它们懈怠不敬呢！'鬼神幽微而又昭显，真实而不可掩盖，确实是这样啊！"

感悟

这一章借孔子对鬼神的论述说明道无所不在，道"不可须臾离"，另外，也照应了前文"君子之道费而隐"，广大而又精微，但它

中 庸

却体现在万物之中使人无法离开它。

做一个形象的比喻，道也好，鬼神也好，就像空气一样，看不见、听不到，却无处不在、无时不在，任何人也离不开它。既然如此，当然应该是人人皈依，就像对鬼神一样虔诚礼拜了，贵在以诚待人处事。

古人认为，天地之间，自然的神灵主宰着人们的命运和庄稼的收成，人们必须祭祀它们，祈求它们给自己以福荫。从远处地平线上传来晨祷的钟声，美妙动听，震彻心灵，如同空气一样清新，滤去了尘世的杂质，令人心底透明。

上天把通向中庸的道路暗示给了人们，只是要人们去努力躬行而已，它所能帮助人们的，就是坦诚地将这美好展示给自己，一切由自己选择，能否抵达，在于自己内心存有多少虔诚，在于自己的心灵对于中庸向往的程度，并不强求，只是默默地期待着，祝愿着自己能够早日领悟。

天地的一切变故，事先必有征兆，人世间的一切事变，也必有先兆，关键在于人们的心灵能否及时注意发现，并采取可行的应对。聪明者顺应天地的警告，采取相应的对策，从而避开灾祸，愚昧者固执而不变，终受祸端。

故事链接

李勉以诚待友

李勉，字玄卿，陇西成纪人。唐朝宰相，郑惠王李元懿曾孙，岐州刺史李择言之子。他一生中最喜好的就是与有才干、有知识的人结交，交朋友他以诚相待，肝胆相照。他为朋友尽心竭力，两肋插刀的故事留传至今。

鬼神之为德

年轻的时候,由于家境贫穷,在客居梁、宋等地读书时,李勉曾和一名太学生同住一个旅舍。两人的关系很好,平日里常常一起谈诗作赋。

有一天,那个太学生突然得了急病,卧床不起。李勉看他的病情十分严重,非常着急,忙给他请医生来看病,他又是熬药,又是端水端饭,无微不至地护理那位太学生,不知道的还以为他们是亲兄弟呢!

太学生的病情不见好转,眼看快要不行了。他趁房内无人,紧紧拉着李勉的手,未说话泪先流,呜咽地说:"你我朋友一场,没想到你对我这么好,这些银子你拿着。"

说着,摸出几锭银子交给李勉,又说道:"没人知道我身边藏有这么多银两,我死后请你用这笔钱将我安葬,余下的你就自己用吧!"说完,闭眼死去。

李勉忍着失友的悲痛,遵嘱给亡友举哀,买了棺木、衣衾等物,

中 庸

把他好好安葬了。剩下的钱，他分文未动，都随亡友一起入土。

不久，太学生的遗属来找李勉，李勉便和他们一起去给亡友迁葬，取出埋在地下的银两交给他们，并且又拿了自己的银子赠予他们。遗属感动得不知说什么才好。李勉却说："朋友一场，这是应该的！"

后来，李勉当了大官，结交了一位勤恳而能干的密县县尉叫王晬。可是，没过多久，王晬因为被人陷害，皇帝下诏要处死王晬。李勉认为自己的朋友王晬没有错处，便暗暗寻查此事，了解到王晬是被人陷害。

李勉便上奏皇帝，请求赦免了王晬，结果王晬被赦免，而自己却被指控执行圣旨不力，召回京师受到了贬官处置。但是，李勉一点不也后悔。

不久，王晬特来向李勉道谢，跪下就要给李勉磕头，李勉忙扶起王晬说："何必如此，大家都是朋友，当为知己者死，我做的这些又算得了什么。"后来，他们的关系就更密切了。王晬也不辜负李勉对自己的厚望，他上任龙门县令后，为官清正，办事能干，声誉很好。

李勉在任节度使时，听说李巡、张参两人很有才学，便请他们进幕府任判官。这两人都是名士，李逸待他们始终十分有礼，三人都互相以朋友相称，关系和睦。每有宴饮，李勉都请李巡、张参二人参加。

不久，李巡和张参先后去世，李勉仍然很怀念他们，宴请客人时总给他们空着座位，摆着酒杯和筷子，就像他们俩活着一样。即使在很欢乐的宴会上，李勉看到空座，也不免神色凄恻，回想起往日和两人的深挚友谊和学问切磋，想起两人对自己的帮助，心中便充满了伤感和怀念的感情。

李勉对朋友的态度为众人所知，许多人都以是李勉的朋友而自豪。俗话说：近朱者赤，近墨者黑。李勉以自己的作风和性格来影响别人，从朋友那里也得到了许多珍贵的东西。

舜其大孝也与

子曰："舜其大孝也与！德为圣人，尊为天子，富有四海之内。宗庙飨❶之，子孙保之。故大德必得其位，必得其禄，必得其名，必得其寿。

故天之生物，必因其材而笃焉❷。故栽者培之❸，倾者覆之❹。《诗》曰：'嘉乐君子❺，宪宪令德❻！宜民宜人；受禄于天，保佑命之，自天申❼之！'故大德者必受命。"

注释

❶ 飨（xiǎng）：一种祭祀仪式。

❷ 必因其材而笃（dǔ）焉：必定根据它们的资质而厚待它们。笃，这里是厚待的意思。

❸ 栽者培之：对可栽植的加以培育。

❹ 倾者覆之：对倾斜的就覆灭它。

❺ 嘉乐君子：优雅高尚的君子。嘉乐，意为美善。

❻ 宪宪令德：宪宪，显明兴盛的样子。令，美好。德，品德。

❼ 申：重申。

解读

孔子说："舜可算得上一个大孝的人吧！他具有圣人的崇高德行，又有天子的尊贵地位，拥有普天下的财物，享受宗庙中的祭祀，子子孙孙永不断绝。所以具有大德的人必定会得到尊贵的地位，必定会得到丰厚的俸禄，必定会得到美好的声名，必定会得到健康和长寿。

"所以天地生育万物，必定因万物的质地来培养它们。能够成材的就加以培育，倾斜枯萎的就让它淘汰。《诗经》说：'优雅高尚的君子，他美德的光芒照耀四方，普施于平民百官之中，获得天神赐予的福禄。上天保佑他，任用他，不断告诫他。'所以具有大德的人必定会承受天命。"

感悟

天生我材必有用，只要你修身而提高德行，总有一天会受命于天，担当起重任。到那时，名誉、地位、财富，应有的都会有。这里的重点是，必须要培养高尚的道德情操。也就是说，有了美好的道德品质，就能拥有一切。

由此看来，儒学并不是绝对排斥功利，而只是反对那种急功近利，不安分守己的做法。换言之，儒学所强调的，是从内功练起，修养自身，提高自身的德行和才能，然后顺其自然，水到渠成地获得自己应该获得的一切。

古人相信，德位相辅相依，没有无德之位，也没有无位之德。德行最终会令人们处在适当的位置，强权与财富都不足凭恃，只有诚实是永远的通行证，以自己的德行，为天地立心，为生民立命。

做人必须诚实，必须具有坚持正义的勇气和担当。诚实使人们心灵明澈，不必背负虚伪造作的重负，以自己的坦诚抵挡诱惑和蓄意欺诈的侵袭。坚持正义，就是替天行道，因而不必向恶行屈膝逢迎，从而挺起笔直的脊梁，承担起自己的责任，上天也必然给我们以佑护与福泽。

舜其大孝也与

> 故事链接

孟子提倡孝悌

孟轲是战国时思想家，受业于子思，在儒学分化中，被称为孔孟学派，代表孔门正统学术思想。在一个秋雨连绵的夜晚，孟子和学生们围坐在一起讨论孝悌和修养的关系问题，爱提问题的公孙丑首先提问："老师，您为什么那么重视孝悌呢？"

孟子解答："因为要实行尧舜的仁政，必须立足于孝悌。"

公孙丑接着问："那么，什么是孝悌呢？"

孟子解释说："孝顺父母为孝，尊敬兄长为悌。孝和悌是仁义的基础，只要每个人都爱自己的双亲，尊敬自己的兄长，天下就可以太平。"

中 庸

　　孟子谴责不孝顺父母的人,他认为不孝有五项内容。

　　学生公孙丑问他有哪五项内容时,孟子说:"世俗所谓不孝的事情有五件:四肢懒惰,不管父母的生活,一不孝;好下棋喝酒,不管父母生活,二不孝;好钱财,偏爱妻室儿女,不管父母生活,三不孝;放纵耳目的欲望,使父母因此受耻辱,四不孝;逞勇敢,好斗殴,危及父母,五不孝。"

　　孟子还认为,父母死后,应当厚葬久丧。孟子老母死了,孟子给予隆重的送葬,棺和椁,都选用上等的木料,还专门派学生监督工匠制造棺椁。

　　事后,他的学生也觉得选用的棺木太好了,便带着疑问对孟子说:"前几天,大家都很悲伤、忙碌,我不敢向您请教,所以今天才提出来。您看,用的棺木是不是太好了呢?"

　　孟子解释说:"对于棺椁的尺寸,上古时没有一定的规定;到了中古,才规定棺厚七寸,椁要与棺相称。从天子一直到老百姓,都这样做了,才算尽了孝子之心。古人都这样做了,我为什么不能这样做呢?我给你们讲孝悌时,不止一次地对你们说过:在任何情况下,可不应当在父母身上省钱啊!"

　　公元前325年,滕国的国君滕定公死了,太子派然友去请教孟子怎样办丧事。孟子主张厚葬久丧。他对然友说:"父母的丧事,尽心竭力去办就是了。曾子说过,当父母在世时,应按照礼节去侍奉;他们去世了,应按照礼节去埋葬和祭祀,这就是尽孝。诸侯的丧礼,我虽然不曾学习过,但也听说过,就是实行三年的丧礼。从国王一直到老百姓,三年中,都要坚持穿孝服,夏、商、周三代都是这样办的。"

　　然友回到滕国,把孟子的话向太子汇报了,太子觉得孟子说的有道理,便决定实行三年的丧礼。但是,命令下达后,滕国的父老和官吏都不愿意,有人说:"三年丧礼,连我们的宗主鲁国的历代国君都没有实行过，我们何必去实行呢？"

又有人说："这样做，耗费太大了。"

当时议论纷纷，众说不一。太子也觉得难办，又把然友找来，对他说："我过去不曾搞过学问，只喜欢跑马舞剑。今天，我要实行三年之丧，百姓和官吏都不同意，恐怕这一丧礼我难以实行，请您再去替我问问孟夫子吧！"

然友受太子的委托，又匆忙坐上马车去请教孟子。孟子听了然友介绍后，严肃地说："唉，这么一件事，太子何必老问别人呢？孔子说过：'国君死了，太子把一切政务交给相国，在孝子之位痛哭就是了。这样，大小官吏没有人敢不悲哀的，因为太子亲身带头的缘故啊！'国君的作风好比风，百姓的作风好比草，风向哪边吹，草自然向哪边倒。这件事，太子的态度一定要坚决。"

太子听了然友的汇报后，坚定地说："对，这应当取决于我。我何必要听从别人的议论呢！"

于是，太子在丧棚里住了五个月。这段时间，他把国事交给相国全权处理，自己不曾亲自颁布过任何命令和禁令，也没有处理过一件国事，全心全意当他的孝子。这样一来，官吏们和同宗族的人都很赞成太子的做法，认为太子知礼。

五个月过去了，到举行殡葬的那天，各国都派使者来吊丧，四面八方的人都来观礼，太子面容悲哀，哭泣哀痛，参加吊丧的人也都哀之。

后来孟子宣扬的厚葬久丧，已没有人尊奉了，但他提倡的尊敬父母兄长，感激父母的养育之恩已成为美好道德风尚。

中　庸

无忧者

子曰:"无忧者,其惟文王乎!以王季为父,以武王为子,父作之❶,子述之。武王缵大王、王季、文王之绪。壹戎❷衣而有天下,身不失天下之显名,尊为天子,富有四海之内。宗庙飨之,子孙保之。

"武王末受命❸,周公成文武之德,追王大王、王季,上祀先公以天子之礼。斯礼也,达乎诸侯大夫,及士庶人。父为大夫,子为士;葬以大夫,祭以士。父为士,子为大夫;葬以士,祭以大夫。期之丧❹,达乎大夫,三年之丧,达乎天子,父母之丧,无贵贱一也。"

注释

❶ 父作之:指父亲王季为文王开创了基业。作,开创。
❷ 戎:战事,兵器。
❸ 末受命:晚年接受天命。
❹ 期之丧:一周年的守丧期。期,指一整年。

解读

孔子说:"无忧无虑的人,大概只有文王吧。他有王季做父亲,有武王做儿子,父亲王季为他开创了事业,儿子武王继承了他的遗愿,完成他没有完成的事业。武王继承了曾祖太王、祖父王季、父亲文王的事业,灭掉了大殷,夺得了天下。他身不失显赫天下的美好声名,尊贵为天子,富有天下四海财富,后代在宗庙里祭祀他,子子孙孙永不断绝。

"周武王晚年受命于上天而成为天子，周公成就文王武王的德行，追尊太王、王季为王，用天子的礼祭祀祖先。这种制度一直实行到诸侯、大夫、士以及庶人之中。如果父亲是大夫，儿子是士，就用大夫的礼安葬，用士礼祭祀；如果父亲是士，儿子是大夫，就用士的礼节安葬，用大夫之礼祭祀；为旁亲服一年齐衰丧，这种制度实行到大夫；为父母服三年斩衰丧，这种制度实行到天子；为父母服丧不分贵贱，都是一样的。"

感悟

成就事业者，在于坚持不懈；无所成名者，由于懒惰而已。如果不能全身心地投入到自己的目标或继承于前人的事业中去，那么无论怎样扑腾，都将是盲目的，不可能取得什么成就，也必将沦为平庸之辈而无法在人类历史上留下任何印记。那么，怎样的人生才是理想的美好人生呢？

不要空想世界会为自己而改变，也不要自以为是个人物。人生的大智慧就是学会适应，让自己融入社会，真正成为其中不容忽视的一分子，然后尽自己的力量，使这个世界有所改变，并使自己的人生因此而精彩。

仁是礼的实质，礼是仁的表现形式，仁通过礼表现出来为人所接受，礼因为仁的内在品质而更体现出诚笃。作为人，就在于知道生命之根，传统之承，从而以自己的孝行报答养育之恩，因此，古人设立祖宗庙宇，使人们永远与祖宗相联系，因为这是人们血脉相承的渊源，是灵魂的归宿。

"命运是上天注定的"，这只是一时无奈的感慨，因此，我们必须对自己的人生和生命负责，只有认识自己，善待自己，尊重自己，才会活出自己生命的尊严与魅力。

中 庸

故事链接

裴潾劝君

　　裴潾，唐代河东闻喜人，笃学，善隶书，以荫仕。初为左补阙，后任为起居舍人，后贬江陵令，累官至兵部侍郎。

　　唐宪宗晚年，痴心于长生不老，对方士、丹剂十分迷信。宪宗皇帝惑于方术之士的游说，让柳泌炼制丹药，以求长寿。柳泌进献给皇上所用的方剂是温中理气的药物，导致出现心绪烦躁、口渴的症状。

　　裴潾进谏说，消除天下弊害的人，就能永远享受到天下的利益；愿与天下人共乐的人，就能长久享受到天下安乐的福祉。因此，上自黄帝、颛顼、尧、舜、禹、汤、文、武，全都以自己的盖世功勋德泽，拯救天下苍生，因而上天就回报他们享有长寿之福，并且使他们的声名永远流传不朽。陛下倡导以孝道敬祭宗庙，以仁德抚养百姓，除凶平暴，而致太平，敬贤重士，礼遇终始。那么天地祖宗都会庇佑您，使陛下受到亿万百姓永远的拥戴，而今方术之士如韦山甫、柳泌之流借丹术自命为神奇，并相互吹捧引荐，诡称为陛下延长寿命，我认为这些人之所以围在你身边，并非胸有道术，而是为了谋求利益，况且他们炼制的所谓丹药，多用性质酷烈的金石等物，经过长时间的烧炼，所含的致毒成分谁也不清楚有多少，所引发的后遗症并不是容易控制化解的。因此，陛下今后要服用的药，就让一大臣先尝试，以一年时间为限，就可见出真假。

　　无奈唐宪宗这时已经听不进去任何意见，裴潾的劝谏非但没有受到奖赏，反而招至"上怒"。不久，就被贬出朝廷，到偏远的湖北去做江陵令了。第二年春，唐宪宗终于"以药误不寿"，时人皆"以潾为知言"。一时的变故，反使裴潾"以道义自处"的品德为世人所敬重。

宗庙之礼

子曰："武王、周公，其达孝矣乎！夫孝者：善继人之志，善述人之事者也。春秋修其祖庙，陈其宗器❶，设其裳衣，荐其时食❷。

"宗庙之礼，所以序昭穆也；序爵❸，所以辨贵贱也；序事，所以辨贤也；旅酬下为上，所以逮贱也；燕毛，所以序齿也。"

注释

❶ 陈其宗器：陈列先祖在宗庙中用过的祭器。
❷ 时食：时令季节所出的食品。
❸ 序爵：按官爵大小排列次序。

解读

孔子说："武王、周公可以称为天下最孝的了吧！孝，就是善于继承先人的遗志，善于继续先人没能完成的功业。春秋祭祀时节，修葺先祖宗庙，陈设祭祀器具，摆设祖先穿过的衣裳，进献祭祀季节的时鲜祭品。

宗庙的礼仪，是用来排列父子、长幼、亲疏顺序的；按官爵高低排列，是用来区别贵贱的；按职务排列，是用来区别才能高低的；行旅酬礼之前卑下者先饮酒，是表明恩惠先施给下人；宴会上按头发颜色就座，是要使老少长幼秩序井然。"

感悟

为什么要有宗庙之礼？是序昭穆。古代按儒家的说法，就是一昭

| 中 庸

一穆,一个大庙堂里边,中心坐了太祖,像汉代就是汉高祖永远坐在那里,无论多少辈,只要汉帝国延续他就坐在中间,他左手是昭,右手是穆,惠帝在昭,文帝在穆。

荀子曰:"人无礼,则不生;事无礼,则不成;国家无礼,则不宁。"意思是说,做人如果不讲究礼仪,就不能受到尊重,那么自己的生存环境就会很受局限;做事如果不遵循礼仪规范,就会令人感到反感,也就不可能取得成就;国家如果不能建立礼法制度,那么就会陷入混乱,不能得到安宁。由此可见,礼仪之于人生、国家的重要,人而无礼,就将寸步难行;国而无礼,必起祸乱。

孔子说:"不学礼,无以立。"礼仪是一切美德的基础,一个人之所以被人尊重,就在于奉行礼仪,尊重他人。行为粗俗意味着放弃了自己做人的尊严。

"治定之化,以礼为首。"齐家治国以推广孝德为要务,以合乎礼仪为可贵。礼的根本在于诚敬,设立宗庙的实质在于尊严。

故事链接

杨云翼礼仪治国

杨云翼,字之美,祖籍赞皇檀山村。其天资颖悟,博学多才,是金朝杰出的人物之一。金章宗明昌五年甲寅科状元。授官承务郎,应奉翰林文字。累官至礼部尚书,兼侍读。

杨云翼为官期间,金朝已由盛期转趋衰退,内外交患。他忧虑在心,勉力支撑,直言劝谏,不避权势。遂以刚正不阿享誉内外。同代人赞其"宏衍博大""中朝第一",正直节气之士敬为师长。

金泰和年间,金朝频繁用兵南方。对于这种穷兵黩武、不顾国家大局的祸国之举，杨云翼极力反对，他从各方面进行对比，分析利害得失，坦诚直言："国家之虑，不在于未得淮南之前，而在于既得淮南之后……"后来，金兵南伐大败，几至全军覆没，章宗愧言无面目见云翼。

杨云翼为官正派，办案理事依据律令，不受上司甚至皇帝干扰、阻挠。一次，边境百姓被逼迫得泅渡黄河，进入南宋。后来这些百姓回到金国后，朝廷欲依法处决，云翼极力谏止："法所重私渡者，在于防止奸细混入，今平民百姓为兵所迫，奔入于河，只为逃生。如果使民不死于敌，而死于法，那么以后就只有屈从敌人一条路了。"使宣宗幡然醒悟，百姓得以生还。

杨云翼患有风湿病，遇到风雨阴湿天气就疼痛难忍。皇上很关心他的病情，并亲自询问治好这种病的药方。杨云翼于是借医寓理，回答说："只是先把心治好而已。心中没有病，邪气自然平息。治理国家也是同样的道理。如果君王先把自己的心放正，行为正派，那么正气就树立起来了，朝廷百官就没有一个人敢于不正派了，天下百姓也就自然安居乐业了。"皇上豁然明白。

杨云翼不仅政声卓著，练达吏事，直言敢谏，且文名大盛，与文人名士交往甚广，推荐贤才，鼓励后进。元好问盛称"惟其视千古而不愧，是以首一代而绝出"。

中 庸

践其位

"践其位❶,行其礼,奏其乐,敬其所尊,爱其所亲,事❷死如事生,事亡❸如事存❹,孝之至也。"

注释

❶ 践其位:站到应该站的位置上。
❷ 事:侍奉。
❸ 亡:亡故者。
❹ 存:生存者。

解读

"站到自己的位置上,行先王传下来的祭礼,奏先王时代的音乐,尊敬先王所尊敬的,亲爱先王所亲爱的,侍奉死者如同侍奉活着的人一样,侍奉亡故者如同侍奉生存者一样,这就是孝的最高境界了。"

感悟

晏子说:"凡人之所以贵于禽兽者,以有礼也。"礼仪是人区别于动物的重要标志。侍尊以礼,事亲以孝,无礼不尊,非礼不孝。礼的本质就是中庸,使人们的行为合乎规范,促使人们的人生更加理想。

> 践其位

> 故事链接

陆绩怀橘敬母

陆绩（188—219年），字公纪，吴郡吴县（今江苏苏州）人，汉末三国时期吴国大臣，庐江太守陆康之子。陆绩的父亲陆康孝顺良善，做官以后，体恤百姓疾苦，办了许多实事，深得当地百姓们的敬爱，后来成为庐江太守。陆康的言传身教，给年幼的陆绩以至深的影响。

陆康和后来成为三国时期著名将军的袁术交情非常好。有一次，陆康带着年仅6岁的儿子陆绩，到居住在九江的袁术家里做客。袁术非常高兴，端出橘子热情招待他们。长辈们谈话的时候，陆绩就坐在一旁剥橘子吃。吃着吃着，他忽然想起妈妈最爱吃的水果就是橘子了。

陆绩忍住了自己再吃橘子的念头，而是小心翼翼地拿了三个装进怀里。由于大人们谈话都很投入，谁也没有察觉到陆绩的这个小动作。等到陆康父子准备告辞的时候，只见陆绩两臂夹紧，双手抱在胸前，小心翼翼地从椅子上滑下来，随同父亲走到主人面前，鞠躬施告别礼。

不料当陆绩双手作揖，毕恭毕敬地弯下腰来躬身行礼的时候，三个黄灿灿的橘子突然从他胸口的衣襟里"咚咚咚"地掉了出来，滚落在地上。

袁术见此情景，禁不住开怀大笑，然后又故意板起脸孔说："你来我家做客，怎么还把橘子带走啊？"陆绩慌忙跪在地上说："对不起，我妈妈最爱吃橘子，您家的橘子特别甜，我想带几个回去给妈妈。"

袁术听了之后感到非常惊讶，随即脸上又现出喜悦之色，内心不禁感叹：这么小的孩子就能时时惦记母亲的喜好，并尽力成全，实在难能可贵呀！陆绩怀橘敬母的行为和他率真的天性，也使在场的人都深受感动，大家不禁交口称赞。

中 庸

郊社之礼

"郊社之礼,所以事上帝也,宗庙之礼,所以祀乎其先❶也。明乎郊社之礼、禘❷尝❸之义,治国其如示诸掌乎。"

注释

❶ 祀乎其先:祭祀他们的先祖。
❷ 禘(dì):天子举行的五年一次的大祭。
❸ 尝:宗庙四季祭祀之一,在秋季举行。

解读

"举行郊祭礼和社祭礼,是用来侍奉天神和地神的;宗庙里的礼仪,是用来侍奉祖先的。懂得了郊祭礼和社祭礼,通晓禘祭和尝祭的意义,治理国家就像把自己手掌上的东西指给别人看一样容易了。"

感悟

周武王的继人之志、周公的述人之事,就是在讲祭祖祭社之礼与中庸的关系。大意应该理解为:祭社,目的是明确自己在社会中的客观位置,祭祖,目的是明确自己的特长与使命,如此,最容易达到客观上的知己知彼,最容易实现客观上的匹配,即中庸,有了中庸技术,凡事能做到客观上的匹配,产生普遍向好和持久的结果,修身齐家治国平天下不是易如反掌吗?

郊社之礼

> 故事链接

中山君有感于礼

中山君是战国时期一个小国的国君。有一次,他为了拉拢士大夫,巩固他的统治地位,便请在国都住的士大夫来参加宴会。

其中,有个叫司马子期的士大夫也应邀赴宴。酒过三巡,上羊肉汤了,每人一碗,唯独到司马子期座前,羊肉汤没有了。司马子期坐在席间,觉得很难堪,于是大为恼怒,退席而走,投奔楚国,劝楚王讨伐中山君,自己做楚王的向导。

楚兵一到,中山君匆匆逃跑了。在仓皇逃跑途中,有两个手持武器的人,紧紧跟随中山君左右保护着他。中山君并不认识这两个人,就问:"你是什么人,为什么要保护我呢?"

这两人回答说:"大王您还记得吗?有一年夏天,麦子歉收,我们的父亲饿得躺在大路旁的桑树下边,眼睛都睁不开,马上就要死了。这时您从这儿路过,看到我们父亲的惨状,赶紧下车拿出一壶稀饭,很有礼貌地给父亲喝了,父亲才免于饿死。后来父亲在临终时嘱咐我兄弟说:'中山君救我一命,你们俩要记住,在中山君有难时,一定要以死守卫中山君。'我们俩要与您共患难啊!"

中山君听完后,仰天叹息说:"给予人家的东西不论多少,主要是在他真正有困难的时候。失礼得罪人,怨恨不在深浅,在于使人伤心啊。我因为一碗羊肉汤失礼了,结果失掉了国家;因为一壶稀饭救了一个人,在危难之时得到了以死相报的两个人啊。"

中 庸

哀公问政

哀公①问政。子曰:"文武之政,布在方策。其人存,则其政举;其人亡,则其政息。人道敏政,地道敏树。

"夫政也者,蒲卢②也。故为政在人,取人以身,修身以道,修道以仁。

"仁者,人也,亲亲③为大;义者,宜也,尊贤为大;亲亲之杀,尊贤之等,礼所生也。"

注释

① 哀公:鲁哀公,春秋时鲁国君。
② 蒲卢:即蜾(guǒ)蠃,一种青黑色的细腰土蜂。
③ 亲亲:慈善亲爱亲人。

解读

鲁哀公向孔子请教施政的道理。孔子说:"周文王、武王的政教,都记载在典籍上。得到贤臣的辅助,这些政教就能得以实施;没有贤臣的辅助,这些政教就会被废除。贤臣治理人的方法是努力施政,就像治理土地的方法是努力种植一样。

"执政者如同蒲卢,需要桑蚕之子变化生成,他们执政也需要贤臣的辅助。要获得贤臣的辅助就要修养自身品德,修养自身品德就要遵循天下的大道,遵循天下的大道取决于人的仁义之心。

哀公问政

"所谓仁，就是人与人之间互相亲爱，尤其要亲爱自己的亲人；所谓义，就是做自己应该做的事，尤其要尊敬贤人。亲爱亲人有远近亲疏之分，尊敬贤者人有贵贱等级之别，礼由此而产生。"

感悟

本章是对天子国君而言，对内来说要行"仁"，就是要亲亲，亲亲才能顺应先王之道；对外来说要行"义"，使行事合宜，君王最重要的行事就是治国，既然为政关键在得到贤人，所以说尊贤为大。

既然为政重在得人，那么如何得人呢？答案是修身，这是儒家一以贯之的思路，万事总能归结到自身的完善上，这是起始之处。这里的修身理解为修养自身，而不是要求他人修身。

无论处在什么样的地位，重要的是端正自己。权威与财势不足凭恃，只有自己的德行能够令人心悦诚服，并能够为人所乐于接受。对于一个国家或一个地方的治理，并不在于制定了多少法令或制度，关键在于执政者的良知与德行。

董仲舒说："以仁安人，以义正我。"亲亲相依，家庭和睦，社会也就自然和谐安定。

故事链接

成吉思汗重用贤臣

耶律楚材生于世宦门第，他自幼勤学，博览群书，兼通天文、地理、律历、术数和佛、道、医卜之说，还擅长著述，下笔为文，一挥而就。

成吉思汗既定燕地，遣人访求原辽国宗室人物，于十三年得耶律楚材。他见耶律楚材相貌奇伟，美髯宏声，又颇有才识，十分仰慕，诱劝说："辽、金为世仇，你是辽国皇族后裔，为金所灭，我要为你雪洗国仇家恨。"

耶律楚材回答得十分得体："臣之祖、父皆曾委身事金，既为其臣，岂敢与君为仇。"

成吉思汗从话中知道他甚重君臣之分，是个恪守信义的人，因此留他在身边供职。成吉思汗喜得王佐之材，每每昵称他为"长髯人"，而不直呼其名。耶律楚材决心报答亲顾之恩，借酬平生壮志。

成吉思汗晚年常对其子窝阔台说："此人是天赐我家，尔后的军国庶政，当悉委他处置。"

成吉思汗在时，耶律楚材是形影相随的股肱大臣，曾被视为"天赐我家"，尊宠至极。窝阔台汗在时，耶律楚材有顾命之义，拥立之功，为其屹立于王廷埋下根基。但更重要的是他呕心沥血地为蒙古国运筹策、定制度，使这个新生的庞大政权得以生存。

耶律楚材披肝沥胆的忠正气质，又不能不使蒙古君主肃然起敬。正是基于此，窝阔台汗把耶律楚材当成自己的贤臣、国家的骄傲。早在他即位的第三年，就当面盛赞耶律楚材说："南国之臣，复有如卿者乎？"

窝阔台汗八年，即灭金后的第二年，蒙古诸亲王集会，大汗亲自给楚材捧觞赐酒，由衷地说道："我们这样诚挚地任用你，是因为有先帝之命。没有你，中原就没有今日。我之所以能安枕无忧，是全靠你的力量啊！"

当时，正值西域诸国和南宋、高丽的使者前来，语多虚妄不实。窝阔台汗颇为得意地指着耶律楚材对来使说："你国有这样的人才吗？"

来使皆回答："没有。此人大概是神人。"

窝阔台汗高兴地说:"你们唯有此言不妄。我也猜想必无此种人才。"

正由于有这样的知遇之情,更由于耶律楚材的气质和胆略,使他能够在国家政治生活中发挥着极其重要的作用。在灭金战争中,耶律楚材有两个特殊的功绩,即保全生命和收容人才。

蒙古太宗五年正月,金哀宗完颜守绪从汴梁出奔归德,命元帅崔立继续死守被围困的京城。不久,崔立向蒙古投降。按蒙古的军事传统:凡是敌人进行抵抗的,克敌以后就以屠杀相报。

现在,汴京即将落到蒙古军队手中,统率围城蒙古军将军速不台,派人报告窝阔台汗,准备占领后"屠城"。

耶律楚材听到消息,急忙面奏大汗:"将士英勇作战了几十年,争的就是土地和人民。如今要是得了土地而失了人民,有什么用呢?"

窝阔台汗听后,脸沉下来,露出犹豫不决的神情。耶律楚材接着说:"大凡金朝方面的能工巧匠,以及官民富贵之家,都聚集在这座城里了。把他们都杀了,那我们就一无所得,徒劳地打了这一仗!"

窝阔台汗觉得有理,下诏除金朝皇族外,其余人不杀。当时在汴京避兵灾的147万户得以免遭屠戮的惨祸。

这一年五月,金国灭亡的命运已经不可避免。金朝大文豪元好问给耶律楚材写了一封著名的信,劝他保护归降蒙古的士大夫,他特别开列出54个士大夫的名单,指出这些儒士"皆天民之秀,有用于世者。"

楚材感到元好问的心思与自己相通,他也早已认识到保护这些人才的重要意义。耶律楚材向窝阔台进言说:"制器者必用良工,守成者必用儒臣。"他极力强调任用儒臣的重要性。

数年后,耶律楚材请窝阔台派人到各地举行考试,选取儒士。这就是有名的戊戌年科举取士,有不少杰出人才入选。

中 庸

在下位不获乎上

"在下位不获乎上①，民不可得而治矣！故②君子不可以不修身③；思修身，不可以不事亲；思事亲，不可以不知人；思知人，不可以不知天。"

注释

① 获乎上：获得上司的信任。
② 故：所以，因此。
③ 修身：陶冶身心，涵养德行。

解读

"处下位的臣民得不到君上的信任，民众就不能够治理好。所以君子不可以不修养自身品德，要修养自身品德就不能不侍奉亲人，要侍奉亲人就不能不知贤爱人，要知贤爱人就不能不了解天理。"

感悟

儒家的方法论就是由近及远，修身要从日常之事、身边之事着手，因此，修身自然要事亲、知人。

行仁要有爱人之心，并落实于爱人之行，爱人首先要爱亲人、知贤人。知人不仅仅是要了解他人的喜好脾性，更重要的是要知人性，明白了何为善恶和如何行善避恶，此时的"事亲"才是符合"仁"和"道"的修身，才能衔接到"知天"。

在下位不获乎上

　　人们不能想象一个不能获得上级信任的人来处理好他所分管的工作，更不可能指望一个缺失诚信的人能够给人们带来什么好处。如果一个人能够像对待自己的亲人一样来对待自己的上下级，对待自己周围的人，你想没有人乐为其用也不可能，那将是一幅多么和谐的社会图景！

　　而处理好这些最基本也最重要的关系，要通过提高自身的道德修养而获得，也就有可能使社会形成良性的循环，从而起到潜移默化的积极作用。所以有了智慧、仁爱、勇敢这些深厚的基础，由此亲亲之道才发展出"仁"的高境界。

故事链接

国渊智慧识人

　　国渊，字子尼，乐安郡盖县人，三国时期曹魏官吏。汉末经学大师郑玄的高足，曾跟从管宁、邴原避乱辽东，后来回归中原，曹操任其为司空掾。后来国渊任职太仆，位列九卿。

　　曹操曾收到一封匿名信，信中辱骂曹操，攻击朝政，曹操看后非常生气，决心要查出写匿名信的人，给予严惩。

　　可是魏国很大，人口很多，要查清匿名信的来历有如大海捞针，谈何容易！大臣们议论了很久，也没有想出一个办法来。

　　京城太守国渊非常聪明，肯动脑筋，办事认真细致，处理过许多疑难案件。曹操把国渊找来，要他追查匿名信的来历，国渊拿着匿名信，翻来覆去阅读了好多遍，他发现，匿名信里有好几处引用著名文学家张衡《二京赋》中的语句。

　　国渊心里有了数，就对曹操说："主公，只要大臣们不把这件事声张出去，很快，我就能查清这封信的来龙去脉。"曹操很高兴，告诉

中　庸

大臣们，以后谁也不许再提这件事。

国渊带着匿名信回到府衙，把下级官员们召集起来，对他们说："魏国需要大量的人才，我们要注意培养，请大家推荐年轻聪明的学者，我要送他们去拜师求学。"

过了两天，下官们送来许多聪明的年轻人，国渊从中挑选了三个最聪明伶俐的，问他们是否读过张衡的《二京赋》，三个人都摇摇头。

国渊说："《二京赋》是一部知识广博、辞藻华美的赋文，可惜许多人都忽略不读，以至于现在懂得《二京赋》的人寥寥无几，你们一定要找到会讲这篇赋的人，向他学习。"接着，国渊又向这三位青年讲了自己的破案意图，嘱咐他们严守秘密，一旦发现情况，及时汇报。

三个人领命出来，在京城内外到处打听。大家见他们年轻好学，不辞劳苦，纷纷给予指点，他们顺着线索，拜访了好多名人学者，终于找到了两个会讲《二京赋》的人。

他们一面虚心学习，一面悄悄地把情况向国渊做了汇报。国渊派两名官员，装扮成识字不多的土财主，分头去请那两个人代写书信。

两封信拿回来后，国渊把它们同匿名信做了比较，结果发现其中一封信和匿名信笔迹相同，于是国渊派人去把这封信的作者传到衙门里来审讯，果然，匿名信就是他写的。

查清这个案子前后不到半个月，案子破得快，破得准，国渊因此得到曹操的赞赏，升为太仆。虽然位居列卿，但是国渊仍穿布衣吃素食，把俸禄赏赐都分给亲朋故旧，自己保持着谦恭节俭的作风，最后死在官任上。

天下之达道五

天下之达道①五，所以行之者三。曰：君臣也，父子也，夫妇也，昆弟②也，朋友之交也，五者天下之达道也。知、仁、勇三者，天下之达德③也，所以行之者一也。或生而知之，或学而知之，或困而知之，及其知之一也；或安而行之，或利而行之，或勉强而行之，及其成功一也。

注释

① 达道：最符合自然本性的通行的道之理。
② 昆弟：兄弟。
③ 达德：最符合道性的美德。

解读

天下通行的道理有五条，实践这五条道理需要具有三种美德。这就是：君臣之理、父子之理、夫妇之理、兄弟之理、朋友交往之理，这五项是通行天下的大道理；智慧、仁爱、勇敢，这三项是遍行天下的美德；实践这些大道和美德就要诚实专一。有的人生下来就知道这些道理，有的人通过学习才知道这些道理，有的人遇到困惑再去学习而知道这些道理；虽然他们懂得这些道理的先天条件和后天环境不一样，但最后还是掌握了这些道理，在这一点上是一样的。对于这五项大道三项美德，有的人心安理得地实践它，有的人贪图利益而去实践它，有的人则是勉强地实践它；虽

中　庸

然他们的动机不一样，但最后还是成功了，在这一点上是一样的。

感悟

　　尊贵如君主，也需要大臣的辅佐；子依父荫，父靠子显；夫荣则妻贵，妻贤则夫祸少；兄友弟恭，相互照应；朋友相交，互为依附。天下之大，人与人的关系，归结起来也无非就此五种。这五种关系既是行事的起点也是终点，中庸之道，从小的方面说就是为了处理好这五种关系。

　　人在社会中生存，就是合作，没有合作就没有事业，合作是建立在信任的基础上，是合作双方的相互补充与加强，而信任是各自德行的相契。

　　人是通过学习与实践而提高学识的，人生就是一个不断进取和蜕变的过程。生命的意义，就在于生生不息地向未知的领域探求，努力做出成绩。

　　而在生活的斗争中，很多时候，人们面临着命运的打击，使自己的道路脱出既定的轨道、将自己的人格强行扭曲，但是，必须坚守住自己的道德底线。诚实、能干、友善、尽职——所有这些特征，对于人生来说，都是必备的素质，即使一份低微的工作，也应当在自己的手上做成精品，从而使自己有尊严地活着。

　　"五达道"和"三达德"无论是自愿乐意去做，还是为了利益去做，甚至被迫去做，只要做到了，就是一样值得称道的。不必强求所有人都怀着最真挚最纯洁的目的行事，而要关注实际作为达到的效果。

故事链接

君臣互信成大事

东汉末年，天下大乱，群雄并起。诸葛亮在隆中过着耕读的日子，刘备三顾茅庐，诸葛亮就辅佐了刘备。诸葛亮的哥哥诸葛瑾避乱到了江东，于是投靠到孙权帐下，受到重用。

当时曹操的势力最强，为了统一全国，他向江南进军，一路势如破竹，顺利拿下了在荆州割据的刘表集团，逼得寄居在刘表地盘上的刘备慌忙逃走。

接下来，曹操兵锋直指孙权。为求自保，孙权与刘备结成联盟，抱团取暖，共同对付曹操。建安十三年，曹操踌躇满志，横槊赋诗，大练水军，艟舻千里，决意在长江上与孙刘联军一决高下，不料，孙刘联军同仇敌忾，紧密协作，借助火攻之计大败曹军。曹操狼狈而逃，回到了北方，一时不敢再南下了。

曹操退兵以后，孙刘的暂时军事联盟也就不复存在了。为了各自的利益，孙刘开始抢占地盘。刘备集团采取先下手为强的策略，夺得了曾被曹操占据的荆州重镇，势力开始壮大起来，但是，实力还是比不上已经有三代基业的东吴孙权集团。

且说东吴一直视荆州为门户，战略位置十分重要，曾经为了荆州这块地方没少跟刘表作战，耗费了大量的兵力财力，现在到手的肥肉却被刘备抢去了。孙吴集团当然不乐意，于是向刘备集团提出索要荆州的要求。

刘备因为实力不如东吴，不敢硬碰，只得答应孙吴的要求，利用缓兵之计，说暂且借居于此，等得到了新的地盘之后，马上奉还。刘备

中　庸

就这样先稳住了东吴，然后进逼西蜀，抢占了刘璋的地盘，势力进一步壮大起来。

孙权看见刘备的势力壮大了，新的地盘也有了，于是又将索要荆州的事情提上议事日程。但是，这时的刘备已经不同于往日寄人篱下的刘备了，天下三分，刘备拥有其一，于是拒不归还荆州。

孙权大怒，在夺取荆州的过程中杀了刘备的大将关羽。刘备痛失关羽，怒不可遏，发誓为关羽报仇，出动全部兵马攻打孙吴，初期连克州县，所向披靡。

孙吴十分惊恐，孙权求和。诸葛瑾写信给刘备，义正词严地指出刘备不能因为私仇而置国家大义于不顾。这本是为孙吴解围的善意之举，却遭到了孙吴内部的怀疑，有人中伤诸葛瑾明保孙吴，实际上是刘备、诸葛亮的心腹，一时间谣言四起。

当陆逊给诸葛瑾辟谣的时候，孙权已经知道这是谣言了，并且讲述了他与诸葛瑾相识相知的经历与深情厚谊，坚决相信诸葛瑾的忠贞，一并封存退还了陆逊给诸葛瑾的辟谣奏章。

正是因为孙权能够辨别是非，选贤任能，才会在猇亭一战中一举挫败刘备，保住东吴，并且扩充了势力，为称王称霸打下了坚实的基础。如果当时孙权听信谣言，历史也许就要改写了。

班固兄妹孝继父业

班固，字孟坚，东汉扶风安陵人，是东汉著名的史学家、文学家。他出生于封建官宦家庭，家里又是儒学世家。其父班彪，字叔皮，为人性情沉静稳重，博学多才，善于著述。班固之所以能成为一个著名的历史学家，与班彪的教导和影响是分不开的。

班固在父亲教导与影响下，自幼聪明伶俐，9岁就能作文。16岁入洛阳太学读书。青年时期博览群书，对于诸子百家各种学术流派的观点，细心加以探讨。班固治学注重了解文章大意，而不在分析字章上下功夫。他为人宽厚、谦虚，从不以自己才学过人而自恃，因而深为时人所敬慕。

班固23岁时，其父因病逝世。当时他正在洛阳太学读书。当他听到父亲病逝的消息后，悲痛至极，他匆匆赶回家中为父居丧。在此过程中，他一面缅怀父亲生前对自己的教诲，一面潜心阅读父亲遗作《史记后传》。在通读之后，他发现很多地方记叙得还不够详细，于是，他决心完成父亲未竟的事业，以尽孝道。

班固开始大力搜集材料，改订体例，准备在《史记后传》的基础上编撰《汉书》。可就在他埋头编撰过程中，有人诬告他私自改作"国史"，他被捕入狱，书稿也一并被抄去。

班固的弟弟班超闻讯上书，才救了他。当时明帝看了他的书稿，不但赞赏他的史学才能，而且召他到京师任兰台令史，掌管宫廷藏书，

中 庸

并进行校勘工作。第二年被提升为秘书郎。班固充分利用这个有利条件，典校秘书，编著国史。明帝非常高兴，命他继续撰写班彪未写完的《史记后传》。

这是他完成父亲未竟事业的大好时机，于是他又着手撰写《汉书》了。经过20余年的不懈努力，到汉章帝时，《汉书》才大体写成，但仍未全部完成。汉和帝永元元年（89年），外戚窦宪因擅权被杀，班固牵连其中，死于大狱。

同年，班固的妹妹班昭继父兄遗志，奉旨入东观藏书阁，续写《汉书》。班昭又名姬，字惠班，14岁时，嫁于同郡人曹世叔。丈夫早年去世后，班昭清守妇规，举止合乎礼仪，气节品行非常好。

班昭学问广博，很有才干。班固去世后，她在藏书阁经年累月孜孜不倦地阅读了大量史籍，整理、核校父兄遗留下来的散乱篇章，并在原稿基础上补写了《异姓诸侯王表》《诸侯王表》《王子侯表》《高惠高后文功臣表》《景武昭宣元成功臣表》《外戚恩泽侯表》《百官公卿表》《古今人表》等八表，最终完成了续写《汉书》的任务。

《汉书》内容丰富充实，保存了大量原始资料，而且语言精练，词简意赅，结构严谨，对人物的描写尤为细腻、生动，人物形象跃然纸上。它真实地记录了当时社会的现状与阶级矛盾，客观地反映了统治阶级的腐朽与罪恶，对民间疾苦寄予一定的同情，歌颂了一些英雄和爱国人物。

总之，《汉书》不仅是一部有重要史料价值的优秀历史文献，而且是一部杰出的散文巨著，在文学史上有重要地位。

司马光爱兄如父

司马光，字君实，号迂叟，陕州夏县（今山西夏县）涑水乡人，世称涑水先生。北宋政治家、史学家、文学家。

司马光一生孝顺父母，友爱兄弟，忠于朝廷。他地位显赫，德高望重。人们除对他的德行极为推崇之外，对他友爱兄弟的真诚情怀也是称赞不已。

司马光的哥哥，名旦，字伯康。兄弟两人的感情特别好。当司马光居住在洛阳时，他每次返乡总会探望哥哥，对哥哥既敬重又关怀。

当时，司马伯康已经80岁了。司马光也年事已高。但他侍奉哥哥如同侍奉父母一样尽心尽力。

司马伯康体质羸弱，消化不佳，为保康健需要少量多餐，所以照顾起来颇为费神。每次吃完饭不久，司马光总会亲切地问哥哥："您饿了吗？要不要吃点儿东西？"他时时刻刻都在关注着哥哥的饮食，如同照顾婴儿般无微不至。

每当季节交替时，气候多变。司马伯康最怕着凉，所以天气稍稍转凉，司马光就会轻抚着司马伯康的背，关切地问道："哥哥，衣服薄吗，冷不冷？"他随时注意哥哥的衣服是否足够保暖，时时流露出兄弟之间的真挚情意。这是何等的感人啊！

司马光敬爱兄长，如对待父母一般对待兄长，这种真挚的兄弟之情让人感动，启迪我们要珍爱手足！

中 庸

好学近乎知

子曰:"好学近乎知,力行近乎仁,知耻①近乎勇。知斯三者,则知所以修身;知所以修身,则知所以治人②;知所以治人,则知所以治天下国家矣。"

注释

① 耻:羞愧,羞辱。
② 治人:用道光德能浇灌人的心身。

解读

孔子说:"喜欢学习就近于智,努力实行就近于仁,知道羞耻就近于勇。知道这三点,就知道应该如何修养自身品德;知道如何修养自身品德,就知道如何治理人民;知道如何治理人民,就知道如何治理国家。"

感悟

不能好学,无知;不能力行,无仁;自己反省起来则一无是处。能够知耻的人,才算是一个有大勇气的人。智、仁、勇三者是不易做到的,但我们可以通过好学、力行、知耻入手逐渐达到。知道了这三者,就有了一个容易的切入点,即使普通人也有了下手去做的方法,因此可以用之来修身。

好学近乎知

> 故事链接

贾嘉隐智对大臣

唐朝人贾嘉隐,相貌长得丑陋,两颗门牙爆出嘴外,五官配搭也不端正。然而,他学问高深,有"神童"的美称。有一次,贾嘉隐接受皇帝的召见。皇帝见他聪明伶俐,机智非凡,高兴地设宴招待了他。

在宴会上,赵国公长孙无忌和司空李勣见贾嘉隐长得难看,便悄悄地商量了一个取笑贾嘉隐的办法。散席后,两位大官邀请贾嘉隐到庭院去散步。庭院里有假山、池塘、楼榭和各种树草花卉。突然,李勣倚靠着一棵松树,笑着问嘉隐:"我靠的是什么树?"嘉隐答道:"松树。"

李勣板着面孔说:"明明是槐树,你为何要乱说?"嘉隐面不改色:"您是国公,'公'靠在'木'边上,岂不是'松'字吗?"

长孙无忌见状,内心不服,便靠上一棵槐树,向嘉隐发问道:"我靠的又是什么树?"嘉隐说:"槐树。"

长孙无忌故意问道:"为什么?"嘉隐从容地答道:"刚才是'公'靠'木',如今是'鬼'靠'木',岂不是'槐'字吗?"

两位大官听罢顿时红了脸,心想:这小子好厉害,说'鬼'靠'木',具有双重含义:一是'无忌'之名类似'无常',含'鬼'之意;二是影射他俩提问题的动机不纯,有'捣鬼'之意。他俩很是尴尬。

可是李勣很不服气,便恼羞地说:"想不到你人长得这么难看,说出来的话却是这么聪明厉害!"

嘉隐立即不假思索地说:"大人您脸长得像胡人,还能当汉人的宰相。难道丑人就一定不聪明吗?"李勣和长孙无忌顿时瞠目结舌,哑然无言了。

中庸

凡为天下国家有九经

凡为天下国家有九经。曰：修身也，尊贤❶也，亲亲也，敬大臣也，体群臣也，子庶民❷也，来百工也，柔远人❸也，怀诸侯也。

注释

❶ 尊贤：尊敬贤者。
❷ 庶民：百姓，平民。
❸ 柔远人：安抚边远的民族。

解读

凡治理天下国家的准则有九条，这就是：修养自身品德，尊敬贤人，亲爱亲人，敬重大臣，体贴群臣，爱民如子，鼓励百工，善待边远民族，安抚四方诸侯。

感悟

鲁哀公向孔子请教治国理政之道，孔子所答内容的重点即是"凡为天下国家有九经"。这"九经"也正是孔子在鲁国担任中都宰、司空和大司寇时能够政绩斐然的根本依靠。

九经，即是九种必须纳入议事日程，进行常态化运作处理的事情。凡是治理天下国家者，皆有九种常行之事。

修身有成，大道正身，才具备治国平天下的基础和能力，不修身则一切都是空谈。因此，修身一经为本，其他八经皆为末。

凡为天下国家有九经

由"九经"的内涵与范畴可知:"尊贤"一经,服务于"修身";"亲亲"一经,相当于"齐家";"敬大臣""体群臣""子庶民""来百工"四经合论,相当于"治国";"柔远人""怀诸侯"二经合论,相当于"平天下"。故"九经"的实质,是对"修齐治平"之道的细化阐发。

观察"九经"中的每一经,其实所表达的都是对某一类人(或人群)的一种特定对待方式;而每一种特定的对待方式,又在分别撬动着相应的某一类人(或人群)的能量及其背后所属的资源。这与《礼记·大学》中所说的"德—人—土—财—用"的转换关系是相通的;与后文的"尽己性—尽人性—尽物性"的连锁反应也是相通的。

因此,可以说"九经"是对儒家全部学问、思想、理念最为系统化、实用化、精细化的综合演练与运用。

故事链接

周公的胸襟

周公,姬姓,名旦,是周文王姬昌第四子,周武王姬发的弟弟,曾两次辅佐周武王东伐纣王,并制作礼乐。因其采邑在周,爵为上公,故称周公。周武王建立了周王朝以后,过了两年就得重病去世了。他的儿子姬诵继承王位,这就是周成王。那时候,周成王才13岁,刚建立的周王朝还不大稳固,国家大事便由周公掌管,实际上是代行天子职权。

周公的封地在鲁国,因为他要留在京城处理政事,不能到封地去,等他的儿子伯禽长大了,就派伯禽代他到鲁国去做国君。伯禽临走的时候,问他父亲有什么嘱咐。周公说:"我是文王的儿子,当今天子的叔叔,你说我的地位怎么样?"伯禽说:"那自然是很高的了。"

中 庸

周公说:"对呀!我的地位确实很高,但是我每次洗头发的时候,一碰到急事,就马上停止洗发,把头发握在手里去办事;每次吃饭的时候,听说有人求见,我就把来不及咽下的饭菜吐出来,去接见那些求见的人。我这样做,还怕天下的人才不肯到我这儿来吗?你到了鲁国,不过是个国君,可不能骄傲啊!"伯禽连连点头,表示一定记住父亲的教导。

周公尽心尽意辅助成王,管理国事,可是他的弟弟管叔、蔡叔却在外面造谣,说周公有野心,想要篡夺王位当天子!

纣王的儿子武庚虽然被封为殷侯,但是受到周朝的监视,巴不得周朝发生内乱,重新恢复他的殷商的王位,就和管叔、蔡叔串通一气,联络了一批殷商的旧贵族,还煽动东夷中几个部落叛乱反对周朝。

武庚和管叔等人制造的谣言，闹得镐京也沸沸扬扬，连最信任周公的弟弟召公奭也怀疑起来。成王岁数小，对辅助他的叔父也有点害怕。周公对此心里很难过，他首先与召公奭开诚布公地谈了一次话，告诉召公奭，他绝没有野心，要他顾全大局，不要轻信谣言。召公奭被他这番诚恳的话感动，消除了误会，重新和周公合作。周公在安定了内部之后，毅然调动大军，亲自率领大军东征。

东方有几个部落像淮夷、徐戎等，都配合武庚，蠢蠢欲动。周公下命令给太公望，授权给他，各国诸侯，有不服周朝的，都由太公望征讨。这样，由太公望控制了东方，他自己全力对付武庚。经过三年的艰苦战争，周公终于平定了武庚的叛乱，把武庚杀了。管叔一看武庚失败，上吊自杀了。周公平定了叛乱，把霍叔革了职，对蔡叔办了一个充军的罪。

在周公东征的过程中，一大批商朝的贵族成了俘虏。周公觉得让这批人留在原来的地方不大放心；同时，又觉得镐京在西边，要控制东部的广大中原地区很不方便，就在东面新建一座都城，叫作洛邑，把殷朝的这些人都迁到那里。从那以后，周朝就有了两座都城。西部是镐京，又叫宗周；东部是洛邑，又叫成周。成王依旧在镐京居住，东都由周公坐镇。从此，周朝开始了长期稳定的局面。

周公为了周朝的事业，用尽了毕生精力。周朝实行周公制定的法令，比以前更加稳定了。周公死后，周成王用最隆重的天子礼节，把他葬在文王陵和武王陵附近，表示周公完成了周文王和周武王没能完成的事业。

中 庸

修身则道立

修身则道立，尊贤则不惑，亲亲则诸父昆弟❶不怨，敬大臣则不眩❷，体群臣则士之报礼重，子庶民则百姓劝❸，来百工则财用足，柔远人则四方归之，怀诸侯则天下畏之。

注释

❶ 昆弟：兄和弟，比喻亲密友好。
❷ 眩：迷惑。
❸ 劝：勉励，努力。

解读

修养自身品德就能树立道德楷模，尊敬贤人就能不被假象迷惑，亲爱亲人就能使长辈兄弟不相怨恨，敬重大臣就能处事不迷乱，体贴群臣则士臣都会竭力报效，爱民如子则百姓都会勤勉效力，鼓励百工就能财用充足，善待边远民族则四方归顺朝廷，安抚诸侯就能使天下人畏服。

感悟

在人本主义文化中，重视人、尊贤，但不是强调个人，而是重视人伦，中国文化总是把人作为一定的伦理关系中的人，在一定的伦理关系中负有伦理责任的人，从而个人的德行和价值实现紧密联结于他和他人的关系。

君臣、父子、夫妇、兄弟、朋友这五伦所代表的政治关系、家庭关系、社会关系，和忠孝仁爱信义的道德德行，相互配合与对应。在中国文化中，个人不是原子式的存在，而是社会关系连续体中关联存在的一方，人活着不是为了自己，而是为了人伦关系的美满。

同时，中国文化重视处理群己关系，强调群体的利益高于个体的利益，群体的利益是公，个人的利益是私，于是在中国文化中群体、国家往往成为个人的终极关怀，尤其应当指出的是，关心国事大事天下事成了中国人发自内心的责任，也成了人们一种不可遏止的情感，体现为忧国忧民的情怀。

孟子说君子要"自任以天下之重"，就是要把天下大事作为自己的责任，在古代体现为君臣要树立道德榜样，做到爱民如子，在国民中树立威信，这样，民众就会信服君臣道德。

故事链接

孙叔敖廉洁自律

孙叔敖是春秋时期的楚国人。他出生在一个小官吏家庭，从小聪明伶俐，心地善良，常常帮助别人做好事。由于孙叔敖博学多才，品德清奇，楚庄王任命他为楚国的令尹。

据说，孙叔敖当了令尹后，四方的吏民纷纷登门祝贺。一天，来了位老者，白头发、白胡子、白帽子、白衣服，仿佛给人吊丧一般。众人都认为这是个老疯子，主张把他轰走。

"不能如此，不能如此。"孙叔敖劝阻大家。

孙叔敖又对众人说："他既然如此怪异，其中必有缘故。今天不管是谁，来到府上都是客人。"说完，他整好衣冠，把老人请到了厅内，恭敬地向老人施了一礼，诚恳地向老者说："请问老者，人尽来贺，您独来吊，难道有什么话要教导我吗？"

只见那位老者一板一眼地说："我有三言，请君切记：身处富贵、而傲慢无礼教训他人者，人们就会唾弃他；职位很高而独断擅权、玩弄权术者，国君就会厌恶他；享受的俸禄已经很多，仍贪心不足者，众人就会回避他。"孙叔敖听了这番话，赶忙给老者作揖行礼，请他多加教诲。

老者接着说："身贵而不骄民，位高而不擅权，禄厚而不苟取。你若能坚守这三条为官的原则，就可以治理好楚国了。"说完，飘然而去。

孙叔敖听完老者的话，心里敬佩不已。他上任后，帮助楚庄王改革制度，整顿吏治，训练军队，又组织民众拓荒种地，开挖河渠，努力发展生产。不久楚国很快富强起来了。

《史记》上记述了当时楚国的繁荣景象："上下结合，世俗盛美，吏无奸邪，盗贼不起，民乐其生。"

楚庄王因得到这样一个好令尹，心里也痛快得很。但是，没过多久，孙叔敖在繁忙的政务中积劳成疾，一病不起。楚庄王征集了楚国最有名的医生为他医治，也未能见效。

孙叔敖临终前，把儿子孙安叫到床前，嘱咐说："我知道你没有治理国家的才能。我死后，你千万不要做官，还是回老家务农去吧！如果大王一定要封给你土地的话，千万不要争好地方，就把那块没人要的寝丘要来就可以了。我已写好了给大王的奏章，我死后，你把它递上去。"

孙叔敖去世后，他的儿子孙安遵嘱把奏章呈送给楚庄王。楚庄王一看，上面除了有关内政、外交、经济、年事和爱护百姓、奖励耕织的许多建议外，还写了这样一段话："靠了大王的信任，使我这样一个普通的乡下人居然做了楚国的令尹。尽管我十分努力办事，也报答不了大王的恩宠。现在，我要离大王和楚国而去了。我只有一个儿子，但他没有治理国家的才能。我恳求大王不要留他在身边做官，让他回到家乡去生活，这就是对他很好的照顾了。"

楚庄王一边看着奏章，一边流泪。看完奏章，他痛心疾首，冲着天上喊："苍天啊！你为什么夺走我的股肱之臣！"他要孙安留在身边当大夫。

孙安坚持说要照父亲的嘱咐，回家乡去。楚王一再挽留不成，只好答应了。但是，也许是楚王觉得孙叔敖做了多年令尹，家里生活不会有问题，也许是由于他过分悲痛，把孙安今后如何生活的事忘了。他答应了孙安的请求后，就再也没有提起过如何安排孙叔敖家人今后的生活。

孙安回到家乡后，生活艰难，只得靠打柴为生，过了许多年，最后还是靠着孙叔敖生前的好友优孟用了让孙叔敖"复生"之计，才得以使楚庄王了解了孙安的困境。

楚庄王要请孙安在宫中做官，孙安仍表示要坚持遵照父亲的意思不愿做官。

楚庄王说："不做官，就封你一座城吧！"孙安无论如何也不要。楚王只好说："你什么都不要，我心里如何过得去呢？天下人也要骂我的。"

孙安听了说："如果这样，就请大王把寝丘那块地封给我吧！"

楚王说："寝丘是块没人要的废地呀！"

孙安说："这不是我想出来的。父亲临终前就是这样交代的，我怎么好自作主张更改呢？"最后，楚庄王叹息了一阵，只好答应了孙安的要求，把寝丘封给了他。

孙叔敖廉洁自律，以身作则，不但要求自己做到，还要求儿子这样做，他的高贵品质值得后人效仿。

中 庸

齐明盛服

齐明盛服❶，非礼不动，所以修身也；去谗远色，贱货而贵德，所以劝贤❷也；尊其位，重其禄，同其好恶，所以劝亲亲也；官盛❸任使，所以劝大臣也；忠信重禄，所以劝士也；时使薄敛，所以劝百姓也；日省月试，既禀称事，所以劝百工也；送往迎来，嘉善而矜不能，所以柔远人也；继绝世，举废国，治乱持危，朝聘以时，厚往而薄来，所以怀诸侯也。凡为天下国家有九经，所以行之者一也。

注释

❶ 盛服：衣冠整齐端正。
❷ 劝贤：勉励人们把自己修养成贤人。
❸ 官盛：属官众多。

解读

清心寡欲，仪表端庄自然，不符合礼仪的事不做，以此来修养品德；摒弃谗佞，远离美色，轻视财物，重视德行，以此来劝勉贤人；使亲人地位尊贵，俸禄优厚，与亲人好恶保持一致，以此来劝勉人们亲爱亲人；为大臣多设置属官，足以供他们任用指使，以此来劝勉大臣；对士臣忠诚守信，给予他们丰厚俸禄，以此来劝勉士臣；役使百姓而不误农时，减轻百姓的租赋，以此来劝勉百姓；天天察看月月考核，授予的薪资俸禄与他们的劳动付出相当，以此来劝勉百工；回去相送来时相迎，鼓励其长处而同

齐明盛服

情其短处，以此来安抚边远民族；延续已经中断俸禄的世家大族，复兴已经颓废的邦国，整治混乱，解救危难，定期接受诸侯朝聘，厚礼相送薄收贡物，以此来安抚诸侯。大凡治理国家有九条原则，用来实施这些准则的关键就是诚心诚意。

感悟

这里"齐明盛服"并非去祭祀，而是要有祭祀的态度，即内心真诚恭敬，祭祀只是种形式，最终还是为了培养人的真诚和恭敬之心。

前文讲到"知、仁、勇三者，天下之达德也，所以行之者一也"，这里又讲"行之者一"，这个"一"就是根本性的原则，所谓的"三达德"和"九经"，都是发诸外的行为，是方法，这一切源自内在的"诚"，这才是中心大法。

故事链接

刘备三顾茅庐

刘备，即汉昭烈帝（221—223年在位），又称先主，字玄德，东汉末年幽州涿郡涿县（今河北省涿州市）人，西汉中山靖王刘胜之后，三国时期蜀汉开国皇帝，政治家。

刘备投靠荆州刘表后，屯驻在新野。多年来寄人篱下的动荡生活，使刘备很难实现政治抱负。这时渴望建功立业的刘备，决心寻求有远识的人辅佐自己，以便尽早摆脱势单力孤的困境，扩充自己的实力。

一天，当地的名士司马徽对刘备说："能看清天下大势的，是那些有真才实学的英雄俊杰。我们这里的'卧龙'和'凤雏'就是这样的俊杰。"

中 庸

刘备忙问:"他们都是谁?"

司马徽说:"这二人是诸葛亮和庞统。您得到二人当中的一个,就可以成就一番事业了。"

建安十二年初春,刘备决定亲自拜访襄阳隐士诸葛亮。

当时,27岁的诸葛亮正在襄阳以西的隆中隐居。这位有政治抱负的青年,常把自己比作管仲和乐毅,立志要干出一番事业来。他虽然躬耕隆中,但苦读经史,熟知天下兴衰的道理,还潜心钻研兵法,兼备将才。同时,他也时刻关注着现实政治斗争的形势。

为了拜见诸葛亮,刘备带领关羽、张飞到隆中一连去了两次都没有访到,刘备仍不肯罢休。第三次去的时候,终于如愿以偿,在草庐见到了这位才华出众的年轻人。刘备说:"久慕大名,两次拜访,未能相见。今日如愿,实平生之大幸。"诸葛亮说:"蒙将军不弃,三顾茅庐,真让我过意不去。亮年轻不才,恐怕有失厚望。"

刘备诚恳地说:"现在汉朝瓦解,群雄混乱,奸臣专权,主上蒙尘。我不度德量才,想伸张大义于天下,完成统一大业,振兴汉室。由于智术短浅,屡遭失败,至今一无所成。不过,我的壮志并未因此减退,仍然想干一番事业。望先生多多指教。"

刘备的谦虚态度使诸葛亮很受感动,于是,诸葛亮便将天下形势向刘备做了一番精辟的分析,为刘备筹划了实现统一的战略和策略,勾画了三国鼎立的蓝图,既高瞻远瞩,雄心勃勃,又脚踏实地,切实可行。

刘备认为诸葛亮是他所寻找的最理想的辅弼人才,就恳切地请他出来帮助自己。诸葛亮为他诚挚的态度所打动,决心辅佐刘备创建大业,实现安国济民之志,就毅然随刘备来到新野,共商军机大事。

凡事豫则立

凡事豫则立,不豫则废。言前定则不跲❶,事前定则不困,行前定则不疚❷,道前定则不穷❸。

注释

❶ 跲(jié):阻碍,说话不流畅。
❷ 疚:病患痛苦。
❸ 穷:处境恶劣。

解读

凡事有所预先谋划就能成功,没有预先谋划就会失败。说话预先考虑好就不会语塞不畅,做事预先考虑好就不会遭遇困阻,行动之前预先考虑好就不会出差错,执行规则之前预先考虑好就不会陷入绝境。

感悟

本章强调了准备工作的重要性。事前有准备才能成功,这段意在强调内心之诚的重要。做一件事要提前准备一下,这只是浅层的理解,若是这样理解,这段放在这里显得生硬,甚至没头没脑。这只是战术层面的,本意还是在由治天下国家推到修身,最末推到"心诚",这里才是事前,治理天下国家就是"事"。从宏观上、整个人生格局来考虑,要做治国平天下这件大事,要做的准备就是修身,进一步讲就是"诚心",做好诚心,治理国家事才能成功立。

中庸

故事链接

佘太君一纸退敌

在宋朝时期,辽国日渐强盛,于是开始垂涎大宋的锦绣河山,经常在边境发起战争。开始,宋朝有大将杨继业带着七郎八虎镇守边关,辽兵来一回、败一回,杨家将杀得他们抱头鼠窜。辽主不甘心,就暗中买通宋朝的奸臣使坏。

那些奸臣都是卖国求荣的主,收了人家辽国的钱,就变着法儿害杨家,杨家将一心在前方打仗,哪顾得上防背后的暗箭,没支撑多少年,就战死的战死,被害的被害了,辽主盼的就是这一天。

杨家将死后,辽主一声令下,没几天工夫,几十万大军就越过边关,攻到黄河边上,他们扬言要"活捉宋天子",占领大宋的江山。辽主手下有个姓张的先行官,弟兄八个,被称为"八大王"。过去,他们带兵攻大宋,没少吃杨家的亏,每次都被打得落荒而逃,这次他们又当先行官,决定要报往日的仇,他们把大兵往黄河岸上一驻,就让军师写了个战表,送往宋营。

那战表上写了21个字:"张长弓,骑骏马,琴瑟琵琶,八大王,王王为尊,单戈敢战。"这意思明摆着,辽国的先行官瞧不起大宋,嘲笑宋朝的文武百官没人敢来应战,叫他们赶快投降,这事还真应了,宋朝的皇帝一看战表,就吓软了。

往日辽国来犯,不用请,杨家将就会领兵出战,现在,能征善战的杨家将们,都被他杀的杀了,斩的斩了,没人去退辽兵了,平时对宋天子阿谀奉承的奸臣们,一看大事不好,一个个都装病不上朝了。皇上一看,他的皇位坐不稳了,能不害怕吗?在这节骨眼上,后悔往事已来不及了。可好好的江山，一仗不打，就送给辽主，他也不甘心啊！

宋天子心急如火，在龙廷上转过来、磨过去，忽然想起佘太君还活着，想去找佘太君想办法，但他有愧于杨家啊，心里怕见佘太君，万般无奈，宋天子只好厚着脸皮，叫了几个太监跟着，去天波府求情说好话去了。

佘太君忠心报国，并不记前仇，她接过辽国送来的战表一看，哈哈笑了，因为那"八大王"都是杨家的手下败将。他们写那样猖狂的战表，是吓唬无能胆小的奸臣哩！

佘太君当着皇帝的面，叫七郎八虎的妻子们铺纸研墨，大笔一挥，写了一张应战表，那应战表也是21个字："长弓断，贼马寒，魑魅魍魉，四小鬼，鬼鬼为祟，不堪一击。"

写完后，佘太君让穆桂英抱出杨家的帅印，"啪"地盖了个红印，就让人送到黄河北岸的辽营去了。辽国姓张的先行官一看应战表，吓得魂飞九霄，他知道赤胆忠心的杨家女将，没有因为死了丈夫而记恨宋天子，还在保卫大宋，他急忙报告了辽主，连夜拔寨，跑回去了。

佘太君一纸退敌，是因为辽兵败在杨家将手里的次数太多了，智者受理智的指导，愚者受直觉的指导，从这一点来看，辽兵将领也应该算是智者，因为他们知道，只要杨家将出手，他们是不可能有胜算的。

中 庸

在下位不获乎上

在下位不获乎上,民不可得而治矣;获乎上有道:不信乎朋友,不获乎上矣;信乎朋友有道:不顺乎亲,不信乎朋友矣;顺乎亲有道:反诸身不诚,不顺乎亲矣;诚身有道:不明乎善❶,不诚乎身❷矣。

注释

❶ 不明乎善:不明白人心善德之理。
❷ 不诚乎身:不能使自己心身做到真诚。

解读

处在下位的人得不到上级的信任,百姓就不可能治理好;处在下位的人要得到上级的信任是有途径的,他先要获得朋友的信任,不能获得朋友的信任,就不能获得上级的信任;要获得朋友的信任是有途径的,他先要孝顺父母亲人,不孝顺父母亲人就不能获得朋友的信任;孝顺父母亲人是有途径的,他先要自身真诚,自己不诚心就不能孝顺父母亲人;使自身真诚是有途径的,他先要明白善道,不明白善道就不能使自身真诚。

感悟

用反向思维解读本段经典,如果一个人想得到上级的信任,授权授责,他必须要修身,先明白道德价值观,在此基础上履行孝道,善尽自我的家庭责任与义务,再将朋友当作亲人一样看待,上级也是朋友,是共同立身行道,因此,要建立诚信的关系,只有诚信关系,才会有

在下位不获乎上

权责关系。这里的"诚身"相当于正心诚意修身,"明善"就是"致知",所谓"致知"就是要明白什么是善什么是恶,继而把心引到善的方面,就是"正心"了。

故事链接

陈寔善言诲盗

东汉时,颖川人陈寔为人公正刚毅,与人为善。乡邻们遇有争执时,都请他给评评理,他总是以理服人,以情动人,清楚地说明是非曲直,让当事人心服口服。后来,陈寔做了太丘县令,对待触犯了法律的犯人仍然很宽厚,主要用道理来教育犯人,使犯人认识到自己的行为是可耻的,从而不去犯罪。当时年成不好,连年荒旱,人民生活十分困苦,许多人不得已干些偷鸡摸狗的勾当。

有一天夜里,有个小偷潜入陈寔的卧房,躲在房梁上窥伺,不料被陈寔发觉了。陈寔没有叫人来捉贼,而是穿上衣服起了床,把儿孙们都叫进来,严肃地训导他们说:"君子即使是很贫穷也能固守节操,不去做有违礼仪道德和法律的事。人活着每时每刻都要自勉。许多违法的人不一定生下来就是坏人,只是因为沾染了坏习惯,才达到了不知羞耻的地步。房梁上的君子就是沾染了坏习惯才落到今天这种地步的。"

小偷一听,大吃一惊,慌忙从梁上跳下来磕头请罪。

陈寔语气缓和地开导他说:"看你的模样,不像坏人。只要好好改掉自己的恶习,就能重新做个好人。你干这种事大概也是贫穷所迫吧!记住,今后就是再穷也不要干这种事了!"说着,陈寔吩咐家人取出一些布匹和几两银子,送给了这位表示悔过的梁上君子。

| 中 庸

诚 者

诚者，天之道也；诚之者，人之道也。诚者，不勉❶而中，不思❷而得，从容中❸道，圣人也。诚之者，择善而固执之者也。

注释

❶ 勉：力量不够而尽力做。
❷ 思：想，考虑，动脑筋。
❸ 中：处在其中，这里指总是真诚实在。

解读

真诚，是天赋的品德；使自己真诚，是人为所得的品德。天赋真诚的人，不必勉为其难就能够符合善道，不必苦心思虑就能获得善道，从容不迫而达到中庸之道，这种人就是圣人。使自身真诚的人，他必须选择至善的道德并坚守不渝。

感悟

诚，是真实无妄的意思，天指自然，天之道就是自然之道，或自然规律。自然界的一切，宇宙万物都是实实在在的，真实的，没有虚假。真实是宇宙万物存在的基础，虚假就没有一切，所以说诚是天之道、人之道，是做人的道理或法则。我国传统文化认为，人道与天道一致，人道本于天道。

《中庸》说："天命之谓性，率性之谓教。"《老子》说："人法地,地法天,天法道,道法自然。"《周易》说:"天行健,君子以自强不息;地势坤,君子以厚德载物。"这些论述都反映了天人合一的思维方式。讲到诚也是这样,既然诚是天之道,人之道就应该思诚。思诚就是追求诚,思诚者,人之道,就是说追求诚是做人的根本要求。

故事链接

讲实话的鲁宗道

鲁宗道,字贯之。亳州人。北宋著名谏臣。少年孤贫,生活于外祖父家。举进士后,为濠州定远尉,继任海盐县令,后改任歙州军事判官,迁秘书丞。天禧元年(1017年)为右正言谏章。官至吏部侍郎、参知政事,世称"鱼头参政"。

鲁宗道特别爱喝酒,经常出入酒馆。有一天,皇帝差遣宫中随从召鲁宗道入宫。随从来到鲁宗道家,家人告诉他说鲁宗道到酒馆喝酒去了,并急忙打发人到酒馆去找。

过了很久,家人才把喝得摇摇晃晃的鲁宗道找回来,而皇帝召见官员的时间早已过了,宫中随从只得先回去向皇帝禀报,鲁宗道后走一步,等待皇帝的旨令。临走时,他同鲁宗道商量说:"如果皇上怪罪你来迟了,你准备用什么事做托词回答呢?"

鲁宗道说:"当然是实话实说啦。"

宫中随从说:"你若这么说的话,肯定会得罪皇上的,是极大的不恭敬。"

鲁宗道说:"可事实是这样啊。我觉得,好喝酒是人之常情,罪过还小。若编造谎言,那就是欺君大罪了。"

宫中随从按照鲁宗道所说,如实禀报了皇帝,皇帝听后,叫鲁宗

中 庸

道入殿。见到鲁宗道，皇帝问他为什么要到酒馆去喝酒。

鲁宗道先向皇帝请了罪，然后回答说："我的家境有些贫寒，没有酒器，只有酒馆里才有酒器。今天正好我一个亲戚远道而来，我只好请他到酒馆喝几杯。我到酒馆喝酒时，已经更换了上朝时的官服，市井上的人认不出我，所以没有辱没当官的体统。"

皇帝听了鲁宗道的辩解，并没有责怪他，笑了笑说："你身为朝廷大臣，却到酒馆里喝酒，又害怕言官们弹劾你，才向我做这么一大套解释。"

鲁宗道说："事情就是这样，我也只能这样说。"

皇帝没有再说什么，但他心里认为鲁宗道能讲实话，是个可以信任重用的人。过了不久，鲁宗道被提拔为参知政事。人们从鲁宗道的为人处世中感觉到：说实话往往是最大的智慧。

博 学 之

博①学之，审②问之，慎思之，明辨之，笃③行之。有弗学，学之弗能弗措也；有弗问，问之弗知弗措也；有弗思，思之弗得弗措也；有弗辨，辨之弗明弗措也；有弗行，行之弗笃弗措也。

人一能之，己百之，人十能之，己千之。果能此道矣，虽愚必明，虽柔必强。

注释

① 博：广泛丰富地。
② 审：细心审察。
③ 笃：诚心，专注。

解读

广泛地学习，审慎地提问，慎重地思考，明确地辨别，坚定地执行。要么不学习，学习了没有会也不放弃；要么不问，问了没有明白也不放弃；要么不思考，思考了没有收获也不放弃；要么不辨别，辨别了还不明确也不放弃；要么不实行，实行了不坚定也不放弃。

别人一次就能做的事，我付出百倍努力；别人十次就能做的事，我付出千倍努力。如果能够做到这样，即使愚蠢的人也会变得聪明起来，即使柔弱的人也会变得刚强起来。

感悟

人无诚不立，事无诚不行。诚是使人们的心灵洁净的试剂。

中 庸

诚致中庸，中庸就是诚的体现，古人认为，心诚则灵，只要心灵诚实，自然受到上天的佑护。学习是毕生的事业，实践是永恒的主题。学问之道在于坚持不懈地日积月累，别无捷径。

一切成就都是建立在长期的和坚实的积累之上，不要抱有幻想，没有相当的积累功夫，幻想着在某一方面做出惊人的成果或取得突破都是不可能的。苏轼说："古之立大事业，不惟有超世之才，亦有坚忍不拔之志。"唯有树立积土成山、驽马十驾的治学精神，才有可能求得真知、成就事业。

读书是心灵的音乐，思考是心灵的体操，笃行是修养德行的必然途径。一夜之间的成名绝非偶然，有人往往惊讶于别人的成功，就在于自己盲目自大，盲目地沉溺于自我感觉良好之中，自欺欺人，而他人正在时刻埋头奋斗着，于是，在自以为比别人高明的自我陶醉中不知不觉地落在了后面，却还对别人的成就不服气，进而嫉妒，这是大多数人共有的心态。

人生注定是要奋斗的，奋斗是人生价值的求证过程，是对希望和辉煌的注解。古人说"人生至乐，无如读书"。世上没有任何东西可以取代学习，唯独具有持之以恒的毅力和决心才有成功的可能。求知的路永无止境，思想的自由是我们唯一向往的生存方式。

故事链接

好学不倦的孔子

孔子，名丘，字仲尼，春秋末期鲁国陬邑（今山东曲阜）人，祖籍宋国栗邑（今河南夏邑），中国古代思想家、教育家，儒家学派创始人。他开创了私人讲学的风气，倡导仁、义、礼、智、信。

博学之

　　在孔子小的时候，家里的生活比较困难。因此，他没有办法继续读书求学。在那个时代没有什么学校，而且书籍也只有少数的贵族家里才有。孔子的丰富渊博的知识，完全是靠刻苦自学得来的。

　　孔子学习十分勤奋，他是一个好学不倦的人。2000多年来，人们一直流传着他那"韦编三绝"的故事。

　　那是在孔子50多岁的时候，为了研究深奥难懂的《易经》，孔子把《易经》这本书读了一遍又一遍，进行了认真的研究和仔细的推敲。

　　结果，由于看的时间长了、次数多了，连穿在书上的牛皮绳都给磨断了。断一次，孔子就换一次，一共换了三次，故称"韦编三绝"。孔子勤奋读书从此可见一斑。

　　孔子是一个知识广博的学者，他还很喜欢音乐。有一次，孔子向师襄子学习弹琴。师襄子先教了孔子一支曲子，孔子学得很认真。10来天过去了，他还在反复练习这支曲子。

"可以学一支新曲子了。"师襄子说。

孔子却回答："我只是学会了曲谱，还没有掌握演奏的技巧。"

过了几天，师襄子又对孔子说："你已经掌握了技巧，可以学新曲子了！"

"我还没有领会这支曲子所表达的思想感情。"孔子回答。

又过了几天，师襄子说："这一回总可以学新曲子啦，你已经理解曲子的思想感情了。"

孔子仍不同意："我还不能通过这支曲子所表达的思想感情了解作曲者的为人。"

经过反复琢磨，孔子终于领会了曲子的思想感情和了解了作曲者的为人。他向师襄子讲述了自己的看法。师襄子听了大吃一惊，感到他对乐曲的理解是非常深刻的。孔子这样刻苦学习，使师襄子非常佩服。

贾逵隔篱偷学

贾逵是东汉时期著名的学者。他幼时丧父，母亲又体弱多病，时常需要人照料，因此生活非常艰辛。贾逵的姐姐一个人挑起了家庭的重担，她悉心照料母亲，关爱弟弟，家中虽然清贫，但时常充满着欢声笑语。

贾逵从小就十分聪明、勤奋，他爱刨根问底，爱思考，不达目的不罢休。那时候，在贾逵家的附近有一个学堂，学堂里传出的琅琅读书声深深吸引着贾逵。他看见其他孩子都去上学，非常羡慕，便央求母亲也让他上学堂读书。

母亲心里十分难过，对贾逵说："孩子啊，咱们家太穷了，没有钱给你交学费，家里的钱都给我治病了，实在是没有办法啊！"说完，母亲便伤心地流下了眼泪。

贾逵的姐姐看到这个情景，便走过来，安慰了母亲一番，然后拉着贾逵走了出来，对他说："弟弟，母亲身体不好，别让她再操心了，我带你去学堂看一看吧。"

姐姐领着贾逵来到学堂外，学堂里又传来了琅琅的读书声。贾逵一听到读书声，便忘却了刚才的烦恼，忙跑了过去。

可是，贾逵只能隔着学堂外面的篱笆往里张望，他踮起脚，伸长脖子，可还是无法看到学堂内的情景。

姐姐见状，赶紧跑过来，抱起了贾逵。这下，他看见了老师在讲课，学生们正摇头晃脑地跟着老师读书。贾逵高兴极了，也跟着读起来。老师让学生写字，贾逵便用小手在空中比画着学写字。

此后，贾逵天天到学堂外听老师讲课。他个子太小，看不见学堂里的情景，便搬来一块大石头，放在篱笆边上，然后站在大石头上，透过学堂的窗户听课。有时候，天下大雨或漫天风雪，姐姐便劝贾逵不要出门。可贾逵有很强的求知欲，一天都不肯中断学习。大雪纷飞时，他披着蓑衣站在篱笆外听课。

几年下来，贾逵风雨无阻，从来没有中断过。他一回到家中，便把听的内容记录下来。一有时间，就拿着木棍在地上练习写字。贾逵就在如此艰苦的条件下，勤奋刻苦地学习着。

后来，贾逵终于成为著名的大学者，他的学说被世人称为"贾学"。

中 庸

自诚明

自诚明❶，谓之性；自明诚❷，谓之教。诚则明矣，明则诚矣。

注释

❶ 自诚明：自己身心中的性体，富有以诚为基础的五德，充实而光明。

❷ 自明诚：明，彻底和全面地明白修养德道的理论和方法，从而能正确地实践德道修养，达到真诚的境界。

解读

由内心真诚而明白的道理，叫作天性；由明白道理而能够内心真诚，叫作教化。内心真诚就会明白道理，明白了道理就会变得真诚。

感悟

天地至诚，所以成就万物。心怀真诚的人，必然赢得人们的尊重与称道。诚是德行的基础，是品德的内在特质，具有高尚道德的人，必然是一个诚实的人。

有智慧的人，并不一定就是一个诚实的人，虽然可以通过智巧达到目的，但是不会赢得人们的诚服，而诚实给予人的智慧是无可战胜的。

明达天地万物化育的大道理，就会觉得所有的聪明与智巧，是多么的微不足道，而这时自然就会认识到，唯有诚才是唯一的坦途，乃立身之本。

自诚明

故事链接

张说不做假证

张说（yuè），字道济，一字说之，河南洛阳人，唐朝政治家、文学家。武则天称帝后，张说是宰相魏元忠部下的官员。张说为人正直，不畏权势。武则天当时最为宠幸"两张"，即张昌宗和张易之。这两个人十分奸佞，权势很大，满朝文武都怕他们三分，可是宰相魏元忠却不把他们放在眼里。

有一次，武则天想把张易之的弟弟张昌期任命为长史，一些大臣为了迎合武则天，都称赞张昌期能干。魏元忠却说张昌期不适合当此重任，武则天也就没有提拔张昌期。因此，张昌宗、张易之把魏元忠视为眼中钉，千方百计想把他除掉。于是，他们就在武则天面前诬告魏元忠，说魏元忠曾经在背后说："陛下老了，不如跟太子靠得住。"

武则天一听大怒，就把魏元忠打进了监牢。她要亲自审讯魏元忠，并且还要张昌宗、张易之当面对证。张昌宗怕此事败露，就想找一个假证人来陷害魏元忠。最后，他们物色到魏元忠部下的官员张说，把张说找来后，他们逼迫他答应此事。第二天，武则天上朝，要张昌宗和魏元忠当面对质，二人争论起来，半天也没有结果。于是，张昌宗就对武则天说："魏元忠部下的张说就听到过这些话，可以把他找来作证。"

武则天立刻传令让张说进宫，这时的张说心里早已拿定了主意，他神情严肃、不慌不忙地上了朝堂。

张说向武则天说道："陛下，我没有听到魏元忠说过反对陛下的话，是张昌宗逼迫我来做假证人的。"

武则天听了张说的话，明知魏元忠的确冤枉，但她又不愿让张昌宗他们下不了台，就斥责张说说："你真是反复无常的小人。"并下令把张说也抓起来。事后，武则天又多次派人审讯张说，可是张说坚决不做伪证。后来，武则天虽然没有抓住魏元忠谋反的证据，但还是撤了他的职务，又把张说判了流放罪。

晏殊诚实无欺

北宋词人晏殊，素以诚实著称。14岁那年，有人把他作为神童举荐给皇帝。皇帝召见了他，要他与1000多名进士同时参加考试。结果晏殊发现试题是自己10天前刚练习过的，就如实向真宗报告，并请求改换其他题目。宋真宗非常赞赏晏殊的诚实品质，便赐给他"同进士出身"。晏殊当职时，正值天下太平，京城的大小官员经常到郊外游玩或在城内的酒楼茶馆举行各种宴会。

晏殊家贫，无钱出去吃喝玩乐，只好在家里和兄弟们读书写文章。不久，真宗提升晏殊为辅佐太子读书的东宫官。大臣们惊讶异常，不明白真宗为何做出这样的决定。

宋真宗说："近来群臣经常游玩饮宴，只有晏殊闭门读书，如此自重谨慎，正是东宫官合适的人选。"

晏殊谢恩后说："我其实也是个喜欢游玩饮宴的人，只是家贫而已。若我有钱，也早就参与宴游了。"这两件事，使晏殊在群臣面前树立起了信誉，而宋真宗也更加信任他了。

晏殊并没有因为自己的地位低下、家境贫困而改变自己做人的准则，最终赢得了众人的赞扬。人无论在任何情况下，都应该保持高尚的情操，坚定的志向，特别是在逆境中，更应该如此。

惟天下至诚

惟天下至诚，为能尽其性❶；能尽其性，则能尽人之性❷；能尽人之性，则能尽物之性❸；能尽物之性，则可以赞天地之化育；可以赞天地之化育，则可以与天地参矣。

注释

❶ 尽其性：充分发挥出本性的作用。
❷ 人之性：众人各自有天赋的本性。
❸ 物之性：动植物等万物各自有天赋的本性。

解读

只有天下最真诚的人，才能尽量发挥自己天赋的本性；能尽量发挥自己天赋的本性，才能尽量发挥其他人天赋的本性；能尽量发挥其他人天赋的本性，才能充分发挥万物天赋的本性；能够充分发挥万物天赋的本性，就可以帮助天地化育万物，就可以与天地并列为三了。

感悟

人的天性是追求完美，永远没有自我满足的至境，永远处于一种求取极致的状态。人类在追求美好的进程中，与客观外在形成相互影响的关系，只有洞彻外物化育的自然本质，才能够顺应天理，从而得以和谐共荣。

在生活中，人们总是希望留下美名，并为此而努力，只是在进取的

中 庸

过程中所采用的方式不同，甚至诈伪与智术盛行，巧取与豪夺并用，虽可得逞于一时，但绝不可得益于长远，而只有诚笃的人是最终的受益者。

一个惯常的礼仪就是对于先祖的追念，请名人题写赞词，以高其行；请名家立传，勒碑刻铭，以昭后世，于是人们忘记了祖先生前的缺点，只是盛赞祖先的善行，对于祖先的过错，谁也不愿提起。"光昭日月""德同天地""懿范千古"等美词嘉语令人感动，试图与天地一样不朽。这本身就是人类对于美好德行的向往与祈愿，而真正的德行，基于诚，唯诚而成之，无诚无以成德。

故事链接

高允不做违心事

高允，字伯恭，渤海蓨县（今河北景县）人，南北朝时北魏名臣、文学家。高允奉命与崔浩一起修纂《国记》。在修纂中，他们继承了中国史学的优秀传统，"直书国恶，不为尊者讳"。魏太武帝得知此事，十分恼火，以"暴扬国恶"为罪名，要将他们二人处以极刑。

高允是太子的老师，太子得知此事，决心为自己的老师开脱罪责，太子要高允同他一起去晋见太武帝。事前，他再三叮嘱高允，一定要按他的意思回答皇帝的问话。太子在皇帝面前把罪责推给了崔浩。

在这生死关头，高允没有按太子的话说，却据实承担了自己的大部分责任。太武帝听后大怒："此甚于浩，安有出路！"意思是说，他这罪责比崔浩还严重，哪里还有开脱罪责的地方。

太子见此情景赶快上前解释道："高允他见皇上天威严肃，故一时惊慌失措，语无伦次，平时我问他时，他都说这些是崔浩所作。"

皇上闻听太子的这番解释，怒气稍有平息。

惟天下至诚

但是，高允却不肯做违心的事，不肯把罪责推给崔浩了之，于是他又抢前一步说道："皇上，太子这是可怜我，为了救我的性命，他平时并没有问过我，我也没有对他讲过此事。刚才我讲的是真话，不敢妄言。"

太武帝被他的诚实感动了，于是就赦免了他，但命令他起草惩处崔浩的诏书，要他在诏书中写明，自崔浩以下，僮吏以上128人皆夷灭五族。

然而，高允又直言极力劝谏，拒绝草拟诏书。太武帝又大怒，后经太子再三拜请，才又得到太武帝的赦免。

查道采枣留钱

那是宋朝时候，有一个读书人，名叫查道，是一个讲信用不自欺的人。有一天，查道和仆人挑一些礼物到亲戚家去。因为忘记带午饭，半路上两人都很饿。仆人建议把送人的礼物拿一些来吃。

查道说："那怎么行呢，这些礼物既然送人，便是别人的东西了。我们要讲信用，怎么可以偷吃呢？"因此两人只好饿着肚子赶路。

走着走着，路旁现出一个枣园。一眼望去，只见枣树上挂满了枣子，已经熟透了，红红的，十分招人喜爱。查道和仆人本来就饿得难以支撑，又见这样好的枣子，便停了下来，查道叫仆人拿些枣子来吃。

吃完后，查道拿出钱来，挂在树上，仆人问道："这是什么意思？"

查道说："吃了人家的枣子，就应该给钱。"

仆人说："枣园主人既然不在，我们何必认真呢？"

查道非常严肃地说："信用是做人的基本道理，无论枣园主人是不是在此，我们吃了人家的枣子，当然应当给钱。"于是主仆两人把钱挂在树上，然后继续赶路了。

其次致曲

其次致曲①，曲能有诚②，诚有形，形则著③，著则明④，明则动，动则变，变则化，惟天下至诚为能化⑤。

注释

① 致曲：致力于某一方面。曲，偏。
② 诚：蕴在内心。
③ 著：明显，卓著。
④ 明：光辉，光明。
⑤ 化：化育。

解读

那些次于圣人的贤人，把真诚推致到细小的事物上，由细小事物上能够做到真诚，真诚就会显现出来，显现出来就会渐渐显著，渐渐显著就会彰明，彰明就会感动万物，感动万物就会变革人心，变革人心就能感化民众。只有天下最真诚的人才能感化民众。

感悟

这一章是相对于上一章而言。上一章说的是天生至诚的圣人，这一章说的是比圣人次一等的贤人。换句话说，圣人是"自诚明"，天生就真诚的人。贤人则是"自明诚"，通过后天教育明白道理后才真诚的人，贤人虽然致力于某一方面，但通过教育和修养，通过"形、著、明、动、变、化"的阶段，同样可以一步一步地达到圣人的境界：化育万物，与天地并列为三。

说到底，只要你努力奋斗，曲径通幽，条条道路通罗马，最终都可以大功告成，修成正果。只要心诚，向着至诚努力，最终必会得到天地的厚报。

故事链接

曾子杀猪不说谎

曾子，名参（shēn），字子舆，春秋末年鲁国南武城（山东嘉祥县）人。是中国著名的思想家，孔子的晚期弟子之一，与其父曾点同师孔子，是儒家学派的重要代表人物。

曾子说过："吾日三省吾身，为人谋而不忠乎，与朋友交而不信乎，传不习乎？"

意思是说："我每天都要多次反省自己，检查自己和别人商量的事情是不是忠诚去办了；和朋友交往是不是守信用了；老师传授的知识是不是认真复习了。"

这段话中心意思是说做人要忠诚、讲信用。曾子不但这样说，而且也这样去做的。

有一次，曾子的妻子要到集市上去买东西，她的小儿子也要跟着去。母亲不让他去，他就在后面哇哇地哭起来。

母亲哄着他说："好孩子，你回家，等我回来给你杀猪吃。"孩子信以为真，不哭了。这话也被曾子听见了。曾子的妻子从集市上回来，听见曾子在霍霍地磨刀，像是真要杀猪的样子，不禁扑哧地笑了，急忙上前劝阻说："我说杀猪，只不过是哄孩子，你倒认真起来了。"

| 中　庸

　　曾子说:"不能和小孩子随便开玩笑。孩子小,还没有分辨是非的能力,事事处处都会模仿父母的言行、听父母的教诲。现在你要是向他说了谎话,这就是教孩子撒谎呀。母亲现在说谎,孩子长大也要向别人说谎,是不能这样去教育孩子的。"

　　曾子的妻子听了,点了点头,认为他说得对。曾子把猪杀好后,妻子也按照自己说的去办,把猪肉炖得香香的给孩子吃。

至诚之道

至诚之道❶,可以前知❷。国家将兴,必有祯祥❸;国家将亡,必有妖孽;见乎蓍龟❹,动乎四体❺。祸福将至:善,必先知之;不善,必先知之。故至诚如神。

注释

❶ 至诚之道:最诚实淳朴、心中无丝毫伪意存在,达到了融合于自然大道的境界。

❷ 前知:在事件未发生之前就预先知晓该事件的始末情况。

❸ 祯(zhēn)祥:吉祥的征兆。

❹ 见乎蓍(shī)龟:通过蓍龟进行预测。蓍龟,古人以蓍草与龟甲占卜凶吉。

❺ 动乎四体:四体,这里不仅仅指两只手两只脚,它还包括体、相、音、形等,通过这些都可以用来感知和判断。

解读

有最真诚的德行,可以预知未来。国家即将兴盛,一定有吉祥的预兆;国家将要死亡,一定有灾祸邪异。这些可以从占筮占卜的卦辞中发现,也可以从人们的动作威仪中察觉。祸福即将来临,是福必然能预先知道,是祸也必然能预先知道。因此,最真诚的人就如同神明一般。

中 庸

感悟

　　人真能达到"至诚"的时候，不被私心杂念诱惑，就能洞悉世间万物的根本规律，因此而能够预知未来的吉凶祸福、兴亡盛衰。人要想做到"前知"，做事情要符合道，符合生命成功的原则。这个"道"就是"积善之家，必有余庆"，符合这个道就是"至诚"的，不符合这个道就是虚妄的。真正符合生命成长规律的、按照规律来办事的人，是至诚之人。

　　伦理道德是做事情正确与否的标准。作为一个领导人，"在其位谋其政"，言行要符合伦理道德。一个人的言语行为，反映了他的境界和心声。我们做的好事，会对社会产生好的影响；我们做的坏事，会给我们自己、甚至子孙后代带来负面的影响。好的影响一定有好的结果产生，负面的影响一定有负面的结果产生。

　　"积善之家，必有余庆；积不善之家，必有余殃。""殃"的大小跟做的坏事的大小是相配的。所以我们要"但行好事，莫问前程"，"莫以善小而不为，莫以恶小而为之"。

　　天地万物不是孤立的，而是相互联系，相互依存，互相影响，互相感应，相比较而存在，相竞争而发展的。只有以天地之心为心，心怀至诚，才能感知。体天行道，感知变化运行的征兆，感应变故于既萌，若要达到全知全能，唯诚而已。

故事链接

刘义隆未雨绸缪

　　刘义隆是南北朝时期南朝宋国的第三任皇帝，他是宋武帝刘裕的第三子。刘义隆初封荆州刺史、宜都王，宋少帝刘义符遇害后，由大臣傅亮、徐羡之、谢晦等人拥推为帝，史称宋文帝。

在南北朝时期，宋文帝是一个有作为的皇帝。他在位期间，坚持宋武帝时期的集权政治，抑制豪强兼并，清理户籍，减免赋税，劝课农桑，奖掖儒学，注重选拔人才，开创了社会经济繁荣发展的局面。由于他在位的30年中一直用"元嘉"做年号，史家就把他在位期间的太平景象称为"元嘉之治"。

刘义隆的治国才华，在他的青少年时期就已崭露头角。他的祖辈虽为仕官，但到他的祖父刘翘一代，却只做了一个功曹，父亲刘裕出生不久，祖父去世，家道中落。

刘裕七八岁的时候，为生活所迫，曾上山砍柴，下泽捕鱼，没有读过书。后来，日子实在过不下去了，便参加了北府兵，成为刘牢之的部下，由于他作战勇敢，跟随刘牢之镇压了孙恩起义而受封建武将军，直到这时，刘裕才深深懂得，要成大业，没有文化是不行的。

从此，刘裕便一边打仗，一边读经书、学兵法，特别是在他讨灭桓玄，掌握东晋大权，进而运用智谋篡晋建宋，登上皇帝宝座之后，他更加认识到"武可安邦，文能治国"的道理，十分重视兴儒办学，尤其重视督促自己的儿子们学史书，攻兵法。

刘裕的几个儿子当中，长子刘义符因其母张夫人受到宠爱，得封太子，但他只知骑马嬉乐，不喜读书，有时被迫读点书，也只是做给刘裕看的；次子刘义真，虽喜读书，但也只是喜欢文学，作诗联对，对经典、兵法之类则毫无兴趣；唯有第三子刘义隆，与他的两个哥哥不同。

刘义隆的生母胡道女，是刘裕的小妾。当时，刘裕的结发妻子臧氏没有生儿子，后来比胡道女早被纳妾的张氏生了个儿子，给刘裕带来了欢乐，由是张氏备受宠爱。

又过了一年，刘裕的小妾胡道女又生了个儿子，就是刘义隆。刘义隆天生聪慧，两三岁时，便学字诵诗，而且一学便会，很受刘裕喜爱,母以子贵,于是胡道女也受到宠爱,这样一来,引起了张氏的妒忌,张氏经常与胡氏发生口角,还联合刘裕的其他妻妾一同诋毁胡氏,终于,在公元411年,刘裕将胡道女赐死,这年,刘义隆才4岁。

母亲被赐死,刘义隆失去了母爱,也失去了父皇的宠爱,小小年纪,他便已经明白了一个道理,自己决不能再和哥哥们争宠,否则,连自己的小命也难保住。

从此,刘义隆装出一副谦卑低下的样子,不但避免接触父皇,也不和他的哥哥们一块玩耍,而是把一切精力都用在了读书上。就这样,几年时间,刘义隆不显山不露水,读完了《礼》《易》《春秋》等儒家经典著作,懂得了不少国家兴亡盛衰的道理。

公元420年,刘裕篡晋建宋称帝,他在册封几个儿子为王的时候,才记起了还有个小儿子刘义隆,于是封其为宜都王,位在江陵,这年,刘义隆13岁。

刘义隆在父皇身边时,已经饱读史书,满腹经纶。他怕哥哥们妒忌加害,不露声色,但他在当上宜都王,独治一方以后,便如出笼之鸟、入海之鱼,大展才华。

刘义隆运用先朝经验,开始了治理一方的工作,他鼓励农桑,发展经济,使得人们都有饭吃;他提倡礼仪,重视道德教化,使人们都遵纪守法。

刘义隆于公元420年受封,到公元424年宋少帝被废,前后仅仅4年时间,封地内的大小事情,都被管理得井井有条,出现了经济繁荣、社会安定的局面,不仅封地内百姓拥护,也受到朝廷的重视,声望日高。宋少帝被废后,朝廷重臣傅亮等人将他拥立为帝。

诚者自成也

诚者自成①也，而道自道也。诚者物之终始，不成无物。是故君子诚之为贵。诚者，非自成己而已②也，所以成物也。成己，仁也③；成物，知也。性之德也，合外内之道也，故时措之宜④也。

注释

① 诚者自成：诚实淳朴者必然成就自己。
② 自成己而已：仅成就自己就算完事了。
③ 仁也：是最大的善事啊。
④ 时措之宜：随时行持，无不适宜。

解读

真诚是人的自我完善，而道是人自己引导自己。真诚，贯穿于一切事物的始终，没有真诚就没有万物，因此，君子以真诚为贵。真诚，并非只是自我完善而已，还要用来成就万物。自我完善是仁义的表现，成就万物是智慧的体现。天赋的真诚品德，是结合了天地内外的道理，因此随时运用而无不适宜。

感悟

"诚者自成也。"诚，首先是不自欺，是对自己诚实，"吾日三省吾身"就是对自己行为的自诚检讨，没有这种自诚的功夫，就不可能养成良好的品格，没有高尚的人格，又如何成就事业？

有句流行的话:"不是做不到,就怕想不到。"思想决定成就,性格成就事业,成为人们奉行的至理名言。可是,在浮躁的社会环境中,往往人生的策划、自我设计、包装炒作代替了踏实的努力,到处充斥着虚无和浮躁,诚实被忽略,劳动被投机嘲弄,而最终导致的是社会公信力的降低,当谎言的泡沫破裂之后,所剩下的只是失望与心灵的狼藉。

其实,不论想象如何美好,都不能代替诚实的劳动创造。那种为了达成目的而不择手段,毫无诚意的行为,最终受害的是自己,并不能成就什么业绩。无论做什么,内心都必须有诚,用至诚引导自己的心灵向着完美的境界前进,那么何必忧虑不能成就事业,不能成就人生。

故事链接

王伽以诚释囚犯

王伽,河间章武人。开皇末,为齐州行参军,初无足称。后任雍县县令,颇有政绩。开皇末年,王伽任齐州参军。只是做些日常的琐事,没有什么值得称道之处。后来因受州官委派,押送被判处流放罪的囚犯李参等70多人到京师去。

当时制度规定:凡是被判流放的犯人,解送的途中必须戴着枷锁。走到荥阳的时候,王伽怜悯他们戴着枷锁行路的凄苦痛楚,就把他们一个个召集起来对他们说:"你们既然已经触犯了国法刑律,不仅损害了自己的名誉,也有愧于父老的教养,而使自己遭到监禁。让你们被枷戴锁长途行路,这是我的职责。但是现在又要劳累这些兵卒看守你们,跟你们受苦,难道你们心里就不觉得愧疚吗?"李参等人接受训导,向王伽表示歉意。

王伽接着说:"你们虽然违犯了国家的法律,但是,戴着枷锁行走,也太辛苦了。我的想法是给你们去掉枷锁,让你们轻松自由地走到京城后集合,你们能够按期赶到吗?"

囚犯们听后,全都跪拜致谢,同声说:"我们一定不敢违期。"王伽于是去掉他们身上的枷锁,解散了看守护送的兵卒,同他们约定赶到京城集合的日期。王伽说:"这天如果有人不来,我就替你们承担死罪!"王伽转身扬长而去。

这些被流放的囚徒们,感念王伽对他们的信任,全都按期赶到京城集合,没有一个人叛逃。皇上听到这件事后,感到惊异。于是召见王伽,对他的做法夸赞良久。然后,又召见这些囚犯,并允许他们各自带着妻子儿女前往晋谒,并在殿廷上赐宴宣布赦免他们的罪过。

当即颁布诏书:"凡是一切含灵性的有生命的人,都是深知善恶、明断是非的。如果在平时,官府能够以至诚之心对待人民,明确地加以教育劝导,那么社会习俗必定能够向着好的方向转化,人们都能够弃恶从善。以往因为天下离心而发生动乱,德教废弛,官吏又没有慈爱之心,百姓各怀奸诈之意,所以作奸犯科等从无止息,以致人情淡薄冷漠,难以治理。现在,我接受上天的使命,安养天下百姓,推行神圣的法纪对他们加以引导,用高尚的品德感化、教育人民。日夜勤勉,孜孜不倦,本意就是建立德化的社会风尚。王伽深深地理解我的心意诚心诚意地教导李参。李参等人也能够诚心醒悟,自动到官府承担罪责。说明百姓并不是难以教化的。只是官员不能以诚心认真劝导,致使他们误犯法纪,陷入犯罪,却又无从悔过自新。假如所有的官吏都能够像王伽这样,平民都像李参等人,那么达到不用刑法就能达到天下大治的境界,又有什么难的呢?"

于是,提拔王伽为雍县县令。以宽仁之心,至诚待物,化行所属,爱结人心,就会达到教化的功效。

中 庸

故至诚无息

故至诚无息①。不息则久,久则征②,征则悠远③,悠远则博厚,博厚则高明。博厚,所以载物也;高明,所以覆物也;悠久,所以成物也。博厚配地,高明配天,悠久无疆④。如此者,不见⑤而章,不动而变,无为而成。

注释

① 无息:没有停息,没有间断。
② 征:征验,效验,显露于外。
③ 悠远:悠长久远。
④ 无疆:无穷无尽。
⑤ 见(xiàn):显现。

解读

因此,最真诚的德行是永不停息的,永不停息就能长久,长久就会通达,通达就可悠远,悠远就会广博深厚,广博深厚就会高大光明。广博深厚用以承载万物,高大光明用以覆盖万物,悠远用以成就万物。广博深厚与地相匹配,高大光明与天相匹配,悠远而无边无际。这样,不用表现却自然彰明,不用行动却能感人化物,无所作为却能自然成就万物。

感悟

生命不息,真诚不已。这是儒学修身的要求。不仅不已,而且要显露发扬出来，达到悠远长久、广博深厚、高大光明，从而承载万物，覆盖万物，生成万物。而这正是天地的法则，总之，还是由真诚的追求而达到与天地并列为三的终极目的。

故事链接

陆贽一生以天下为己任

陆贽（zhì），字敬舆。苏州嘉兴（今浙江嘉兴）人。唐朝著名政治家、文学家、政论家。

陆贽生于唐玄宗天宝十三载（754年），相传出生在苏州嘉兴城内甜水井（今浙江省嘉兴市区斜西街东首）。陆氏自东汉末年即为江南望族，但到陆贽出生前家门已衰落。其父陆侃曾任溧阳（今江苏溧阳）县令，后因陆贽显贵，被赠为礼部尚书。陆侃早逝，陆贽幼年受母亲韦氏教导成长，时人称之为"陆九"。

陆贽少年时就才智超群，志向非凡。他有独立见解和操守，与众不同，18岁考中进士，从此，走上了济世治国的道路。

建中四年，朱泚发动叛乱。陆贽随皇帝出征，他日理万机，并上书皇帝，请皇帝下罪己诏书，以此激励将士，报国平叛。德宗皇帝虽不情愿，但仍采纳了他的建议。结果是"虽武夫悍卒，无不挥涕感激"奋勇杀敌。

这年冬天，一些大臣为讨好德宗，请德宗加尊号"圣神文武"。陆贽则上书皇帝指出"现在是动乱之时，人情向背之秋，皇帝应注意收揽民心，检讨自己，不应只注重增加美名，与其增美称而失天下，不如废旧号而尊天戒"。他极力劝皇帝不要重名而失德于天下，放弃加号之举。

中 庸

建中八年四月,陆贽被任命为中书侍郎,为国为民有了用武之地。他决心"以天下为己任,全心报国"。

陆贽首先向朋党开刀,朋党是德宗继位以来,一些弄权重臣,网罗羽翼,结党营私形成的集团。他们排挤善良,危害国家,是一股很强的恶势力。

陆贽不畏权贵,先断其结党之路,取消了过去的选官办法,广求贤才,严格考试制度。之后,他又向当权者发起进攻。

户部侍郎裴延龄为人奸诈,天下人都恨他,但由于他是皇帝的宠臣,人们敢怒而不敢言,只有陆贽不仅当面指责他,而且多次上书皇帝弹劾裴延龄。

伴君如伴虎,由于陆贽多次犯颜直谏,触怒朋党,结果他受到诬陷,险些被杀,最后被贬到忠州当了个小官。但他仍矢志不移,为民做事。当时,忠州疾病流行。陆贽遍访民间,抄录药方,写成《陆氏集验方》,以此济世救民。

陆贽一生洁身自好,位高不受礼、官小不行贿,不唯上、不畏权,以天下为己任,一心为民精忠报国,终成一位千古流芳、万世敬仰的一代名臣。

宋代史学家司马光非常推崇陆贽,他在自己的史学巨著《资治通鉴》中,引用陆贽的议论达39篇之多,长者近千言,基本上把《陆宣公文集》的主要内容都概括了。像这样连篇累牍地记录一个人的政治主张,在《资治通鉴》中是罕见的,可见陆贽言论对司马光的影响之大。

天地之道

天地之道,可一言①而尽也:其为物不贰②,则其生物不测。天地之道:博③也,厚也,高也,明也,悠也,久也。

注释

① 一言:即一字,指"诚"字。
② 不贰:唯一,专一,坚定而不更改。
③ 博:多,广,大。

解读

天地的法则,简直可以用一个"诚"字来囊括:诚本身专一不二,所以生育万物多得不可估量。天地的法则,就是广博、深厚、高大、光明、悠远、长久。

感悟

诚实的人,心如明镜,没有任何虚伪造作的负荷,因而就能抵挡任何诱惑欺诈的侵袭;诚实的人富有坚定的正义感,坚守正义,使自己伸向人间的触角光明凌厉,因而就没有屈膝的耻辱和奉承的扭曲;诚实的人的心情永远是充满阳光而美好的。

其实,不必刻意做出成就,也不必求得在此生有所作为,其实天地无为,而无不为。人类刻意而为,而最终一无所为。还是回归内心至诚的天性,与天地同心,与天地同德,而与天地同存!

| 中　庸

一个人的修养需要从心开始,你的所作所为不是为了别人的认可,而是一种心性的修养,诚则通彻天地。

如果心怀二意,无论你到哪座庙宇,无论你如何虔诚地祈祷,都没有意义。因为你的心灵已经为你铸造了一切,神明又如何保佑你呢?不必寻机去做善事,只要在可及的范围,心怀至诚,做出努力就行。

无论天地如何高大、广远、神妙、多变,以至无限,唯有至诚是维系其永恒的内在质地。无诚不成天地,无诚无以致达久远,无诚就没有存在。诚,虽似微不足道,但诚又充满天地时空,包容一切,又使一切的诈伪自惭。

故事链接

苏武北海牧羊

西汉时期,匈奴自从被卫青、霍去病打败以后,双方有好些年没打仗。他们口头上表示要跟汉朝和好,实际上还是随时想进犯中原。

匈奴的单于一次次派使者来求和,可是汉朝的使者到匈奴去回访,有的却被他们扣留了。汉朝也扣留了一些匈奴使者。

公元前100年,汉武帝正想出兵打匈奴的时候,匈奴又派使者来求和了,他们还把汉朝使者都放了回来。汉武帝为了答复匈奴的善意,派中郎将苏武带着副手张胜和随员常惠出使匈奴。

苏武到了匈奴,送回了先前扣留的使者,并送上礼物。苏武正等单于写个回信让他回去,没想到就在这个时候,出了一件倒霉的事儿。

在苏武还没有到达匈奴之前,有个汉人叫卫律,他在出使匈奴后就投降了匈奴。在这里,他受到单于的重用,被封为王。

卫律手下有一个部将叫虞常,他对卫律非常不满意。他跟苏武的副手张胜原来是朋友,等苏武一行人到这里后,他就暗地跟张胜商量,想杀了卫律,劫持单于的母亲,逃回中原去。

张胜表示同意,没想到虞常的计划没成功,反而被匈奴人逮住了。单于大怒,叫卫律审问虞常,要他定要查问出同谋的人是谁。

苏武本来不知道这件事。到了这时候,张胜怕受到牵连,才告诉苏武。

苏武说:"事情已经到了这种地步,一定会牵连到我。如果让人家审问以后再死,不是更给朝廷丢脸吗?"说罢,就拔出刀来就要自杀。张胜和随员常惠眼快,夺去他手里的刀,把他劝住了。

虞常受尽种种刑罚,只承认跟张胜是朋友,拼死也不承认跟他同谋。卫律向单于报告,单于大怒,想杀死苏武,被大臣劝阻了。后来,单于又叫卫律去逼迫苏武投降。

苏武一听卫律叫他投降,就说:"我是汉朝的使者,如果违背了使命,丧失了气节,活着还有什么脸见人呢!"于是,又拔出刀来向脖子抹去。

卫律慌忙把他抱住,此时,苏武的脖子已受了重伤,昏了过去。卫律赶快叫人抢救,苏武才慢慢苏醒过来。

单于钦佩苏武是个有气节的好汉,等苏武伤痊愈了,又逼苏武投降。单于派卫律审问虞常,让苏武在旁听。卫律先把虞常定了死罪,杀了。接着,又威胁张胜,张胜贪生怕死投降了。

卫律对苏武说:"你的副手有罪,你也得连带受刑。"

苏武说:"我既没有跟他同谋,又不是他的亲属,为什么要连带受刑?"

卫律举起剑威胁苏武,苏武不动声色。卫律没有办法,只好把举起的剑放下来,劝苏武说:"我也是不得已才投降匈奴的,单于待我好,封我为王,给我几万名的部下和满山的牛羊,享尽富贵荣华。先生

中 庸

如果能够投降匈奴，明天也跟我一样，何必白白葬送性命呢？"

苏武怒气冲冲地站起来，说："卫律，你是汉人的儿子，做了汉朝的臣下。你忘恩负义，背叛父母、背叛朝廷，厚颜无耻地做了汉奸，还有什么脸来和我说话。我决不会投降的，怎么逼我也没有用。"

卫律回去向单于报告。单于就把苏武关在地窖里，不给他吃的喝的，想用长期折磨的办法，逼他屈服。

这时候正是数九隆冬天气，外面下着鹅毛大雪。苏武忍饥挨饿，渴了，就捧一把雪止渴；饿了，就扯一些皮带、羊皮片啃着充饥，这样居然没有死。

单于见折磨他没用，就把他送到北海，也就是现在的贝加尔湖边上去放羊，跟他的部下常惠分隔开来，不许他们通消息，还对苏武说："等公羊生了小羊，就放你回去。"公羊怎么会生小羊呢，这不过是说要长期监禁他罢了。

苏武到了北海，旁边什么人都没有，唯一和他做伴的是那根代表朝廷的旌节。匈奴不给口粮，他就掘野鼠洞里的草根充饥。日子长了，旌节上的穗子全掉了。

直至公元前85年，匈奴的单于死了，匈奴发生内乱，分成了三部分。新单于没有力量再跟汉朝抗衡，又打发使者前去求和。那时候，汉武帝已死去，他的儿子汉昭帝即位。

汉昭帝派使者到匈奴去，要单于放回苏武，匈奴谎说苏武已经死了。使者信以为真，就没有再提。

第二次，汉使者又到匈奴去，苏武的随从常惠还在匈奴。他买通匈奴人，私下和汉使者见面，把苏武在北海牧羊的情况告诉了使者。

使者见了单于，责备他说："匈奴既然存心同汉朝和好，不应该欺骗汉朝。我们皇上在御花园射下一只大雁，雁脚上拴着一条绸子，上面写着苏武还活着，你怎么却说他死了呢？"

单于听了，吓了一大跳。他还以为真的是苏武的忠义感动了飞鸟，连大雁也替他送消息。于是，他向使者道歉说："苏武确实是活着，我们马上把他放回去。"

岁月悠悠，北海的风雪染白了苏武的须发，冻饿练就了他铮铮硬骨，苏武在北海一待就是19个年头。他出使的时候，才40岁。回到长安的那天，长安的人民都出来迎接他。他们瞧见白胡须、白头发的苏武手里拿着光杆子的旌节，没有一个不受感动的，说他真是个有气节的大丈夫。

中 庸

今夫天

今夫天，斯昭昭❶之多，及❷其无穷也，日月星辰系焉，万物覆焉。今夫地，一撮❸土之多，及其广厚，载华岳❹而不重，震河海而不泄，万物载焉。

注释

❶ 昭昭：光明。
❷ 及：介词，至，到。
❸ 撮（cuō）：用三个指头聚拢抓取。
❹ 华岳：西岳华山。

解读

现在看到的天，在它开始时只有很小的一点光明，等到它成为无边无际的天空后，日月星辰悬系在上面，世间万物都被它覆盖着。现在看到的地，在它开始时只有一小撮土那么大，等到它成为广博深厚的大地后，负载华山也不觉得沉重，汇聚河海也不会泄漏，世间万物都被它自己承载着。

感悟

至诚，可为立岳，可邀江海，可参天地；无诚，则无一锥之地，无一粒食物，无一滴之涓流。至诚在己，在于人们心灵的深处，在于人们内心的发现，在于人们自己的培育，在于人们自己使之发扬广布于天地万物之间。

无论是杂草还是禾苗，也无论鲜花还是荆棘，都同样生存在这天地之间；无论是供在温室的名花还是生长在原野的花朵，都是天地的至爱，它们以其至诚，自然地茁长，为太阳生长，为大地吐芳，展示生命的瑰丽，不求人赏，不需赞美，只是默无声息地绽放，绽放着它永恒的精彩，在季节间徜徉，不论生长在哪里，它们都顽强地活着，那种美丽的绽放，悠远而令人神伤。

有位哲人说："我们身边并不缺少美，只是有待于我们的心灵去发现。"天空中白云的流浪，蓝天上鸟儿的飞翔，大海中游鱼的悠游……无不是大自然的和谐所造就的。文王之德，并非刻意而为，就在于至诚而已，因而能够致达永远。

故事链接

王畅诚采纳言，实行德政

王畅，字叔茂，东汉山阳高平人。世为豪族。年轻时就以清正朴实为人所称道，不愿与人交结成为党羽。初举孝廉，托病不就。后特辟举茂才，四迁尚书令，任为齐相。征拜司隶校尉，渔阳太守。以严明著称。后来采纳张敞劝谏，推崇宽政，教化遂行。升任司空。

王畅任南阳太守。因为南阳是刘秀的故乡，豪族贵戚恃势横行。以前的太守因为惧怕他们的势力，都不称职，境内治理不好。王畅对此深为疾愤，到任伊始，就采取严厉措施给予惩处。对有劣迹和犯有前科的豪族，一律严惩。但偏偏遇到朝廷大赦，又不得不将他们释放。王畅愤愤不平，于是制定了更加严酷的法规律条。凡是受贿两千万铢以上的官员，如不主动自首，一旦查实，没收全部家产；如果发现隐藏、转移

中 庸

赃物罪证的，涉案人等，一律查抄，让他们家破人散……境内豪族贵戚内心震恐。

功曹张敞上书建议说："五教的推广在于实行宽恕的仁政，这是写在典籍中的经典。商汤去除掉多种刑罚，天下归于仁德。周武王进入殷地，首先废除炮烙的酷刑。高祖进驻长安，只约法三章。孝文皇帝因感缇萦，从此不再实行肉刑。

"卓茂、文翁、召父等人都反对严刑峻法，推崇温厚、宽缓的法律。从而使他们以仁慈开明的执政形象，流芳后世。凡是聪明圣哲的君王，法律都很宽简。从而国家稳定，百姓安乐。这是有历史鉴证的。

"扒房拆屋、砍树毁家的做法，实为过于严苛惨烈。虽然您的本意是为了惩治恶人，净化境内，但是却难以取得长远的效果。以您超人的才干智略，如同日月的明察，辅以仁惠的政举，那么改变境内的不良风气，就会像折断一根小枝条一样容易，而不是像有些人说的那样如同移山那样困难。南阳郡是光武帝的家乡，园林祖庙就在章陵，三位皇后也都生在新野。后代子女沐浴着朝廷的教化，百姓仰慕。

"自东汉中兴以来，功臣将相世代相继，享受着皇上特许的优厚待遇。我认为，与其耿耿用力地推行严刑，不如对其施行恩惠；与其孜孜用心地查找奸恶，不如以礼对待贤明之士。舜因为举用了皋陶，那些品德卑微的人渐渐就改恶从善了。随会执政，晋国的强盗就都跑到秦国去了。虞芮经过周的地方，礼敬谦让的风气就在那里兴起了。教化人的关键在于实行德政，不在于是否有严密的刑法。"

王畅采纳了张敞的建议，改变当初严苛的做法，实行宽和的政策，谨慎地用刑，简化审理程序，减轻刑罚的程度。于是，良好的社会秩序很快就建立起来了，南阳的风气大为改观，境内得到大治。

今 夫 山

今夫山，一卷石①之多，及其广大，草木生之，禽兽居之，宝藏兴焉。今夫水，一勺之多，及其不测，鼋②鼍③、蛟龙、鱼鳖生焉，货财殖焉。

注释

❶ 一卷石：一拳头大小的石头。卷，通"拳"。
❷ 鼋（yuán）：背甲近圆形、暗绿色，又称绿团鱼。
❸ 鼍（tuó）：背面暗褐色，有六横列角质鳞，又称扬子鳄。

解读

现在看到的山，在它开始时只有一小块石头那么大，等到它成了广阔高峻的山后，草木花卉生长在上面，飞禽走兽居住在上面，金银宝藏从上面开发出来。现在看到的水，在它开始时只有一小勺那么多，等到它聚积成深广难测的大水后，鼋、鼍、蛟、鳖生活在里面，各种物产资财也繁殖在里面。

感悟

至诚是万物天性的自然之成，贯穿于天地万物之中，是自然演化的内在核心。最大的真诚是永远不会间断的，天地生物之道和圣人是一样的，都是真实无妄的。天地山水也展现了博厚、高明、慈久，所以圣人是和天地山水同德的。

中 庸

故事链接

以己义行，救助他人

严植之，字孝源，建平秭归（今湖北秭归）人。南北朝时学者。他性情淳厚孝道，为人谨敬质朴，从来不以自己的优长自以为比别人高明。曾任康乐侯相、五经博士、中抚军记室参军等职。为官清白，民吏称道。

严植之生性仁慈，好行阴德，有义行。即使独处暗室，也从来不敢放任自己。他曾在山中遇到一位重病患者，患者已经不能说话，无法知道他的姓名、家籍。严植之就用车把他带回，请医用药，进行救治，照顾周到，但是仍然没有救活他，6天后死去。严植之给他置办棺木，以礼埋葬。

又有荆州人黄氏，给船主当小工。得了重病，船主却将他赶了出来，他病倒在塘岸上，走投无路。严植之看到后，心生怜悯，就把他带回自己的家中，给予诊治。一年后，这个姓黄的人的病治好了。他对严植之非常感激，愿做奴仆，以报答救命之恩。严植之坚决不接受，并送给他路费和干粮，让他回家去。

维天之命

《诗》云:"维天之命❶,于穆❷不已❸!"盖曰天之所以为天也。"于乎不显❹!文王之德之纯!"盖曰天王之所以为天也,纯亦不已。

注释

❶ 维天之命:指文王德行秉承天道。
❷ 穆:指天性清静,祥和,淳朴。
❸ 不已:无穷,没有止境。
❹ 不:通"丕",大。显:明显。

解读

《诗》说:"天道的运行,多么肃穆啊,永远不会停止!"这说的大概就是天之所以成为天的道理。"啊,多么伟大光明啊,文王的德行是多么纯洁啊!"这说的大概就是文王之所以被称为文王的道理,他纯洁的德行常行不息。

感悟

天地之道,广博浩瀚,能生养万物,是因其道的核心是仁,有了它,天地万物便会在和风细雨中生长。

圣人之道,只有具有高尚道德的人才能承担道义、实行礼仪。最高的道与最高的德是紧密相连的,但成就高尚的道德极为不易,必须不

中 庸

断地加强修养，所以君子既要尊崇道德又要追求学问，在追求学问时既要追求广博又要尽力穷尽精微之处。

在追求高尚光明的德行时，既要不断地修身，还要符合中庸的原则。只有不断巩固已经学过的知识才能从中体会到新的知识，既敦厚笃实而又崇尚礼仪，只有这样才能体现出至高的圣人之道。

故事链接

盛彦吐哺待慈母

盛彦，字翁子，是西晋广陵人。少年时代便很有才能，当时有一位叫戴昌的太尉曾以赠诗形式考查他，盛彦面对满座官僚文士，慷慨作答，没有一点理解错误的地方，受到文士们的赏识。

盛彦的母亲王氏非常勤劳节俭，不仅亲自操持家务，还时时督促盛彦读书识字，教他以礼待人。后来，由于过度操劳，得了一场病，连眼睛也跟着瞎了。

家里虽然雇了一个女仆，但是许许多多的事都落在了盛彦身上，他一边帮母亲安排日常生活，一边拼命读书，他的才干也越来越受人重视了。

成年以后，官府鉴于他极有才名，多次征召他去做官，盛彦每次都是以母亲病势沉重而推辞了。每当谈到母亲双目失明，日常生活很难自理，重病缠身的情形时，盛彦就止不住悲伤，痛哭失声。

盛彦每天每顿饭都要亲手喂母亲吃，凉、热、咸、淡都是他先尝一尝，有时候，饭菜如果稍微硬一点，盛彦就自己先嚼一遍然后喂母亲。

这样坚持了好多年，他母亲的病多少有了一点好转。他母亲病了好久，女仆当然会受累，于是暗暗产生了怨恨的心情。有一回，盛彦外出办事，上午也没回来，那个女仆就生出了坏心，到屋子后面的菜地里捉了一些金龟子的幼虫，放在瓦片上烤熟了给盛彦的母亲吃，还撒谎说是好东西。

母亲吃了一些，觉得很好，于是就以为这确实是难得的好东西，顺手捏了一点偷偷留了起来。后来，盛彦回家了，他母亲把烧熟的金龟子给他看。

盛彦一看，立刻跪在母亲面前，哭着向母亲赔罪，深责自己照顾不周全，叫母亲遭罪了。他母亲却安慰他：“这东西吃了也没什么事，我倒觉得眼前好像有点亮堂了。”

盛彦一听，异常惊喜，打来一盆清水，给母亲轻轻擦拭，没一会儿，母亲的双目就能清楚地看见东西了。盛彦这时候以为错怪了女仆，竟然向女仆跪谢，女仆却羞愧得一声不吭地站在那儿一动也不动。

宋代诗人林同曾写了一首《贤者之孝》称赞盛彦，诗中写道：

既知为异物，号泣绝还生。
未有蛴螬炙，翻令母目明。

由于盛彦孝顺母亲，善待仆人，家里越来越和睦了。

母亲的病好后，盛彦应征到东吴做官，累迁至中书侍郎，后来吴国被晋武帝消灭后，著名文学家、陆逊之孙陆云又将他推荐给西晋刺史周浚，本邑大中正刘颂又举荐他为小中正，直到285年病逝。

中 庸

大哉圣人之道

　　大哉圣人之道！洋洋乎！发育万物，峻极①于天。优优大哉！礼仪②三百，威仪三千。待其人而后行。故曰，苟不至德，至道不凝③焉。故君子尊德行而道问学④，政广大而尽精微，极高明而道中庸。温故而知新，敦厚以崇礼。

注释

① 峻极：高大到极点。
② 礼仪：古时礼节的主要规则，又称经礼。
③ 凝：凝聚，引申为成功。
④ 问学：询问，学习。

解读

　　伟大啊，圣人的道！它浩浩荡荡充满天地之间，生成发育万物，它与天一样崇高。宽裕而广大啊，这样的礼仪有三百条，威仪有三千条，有待圣人出现来实施。所以说如果没有完美的德行，完美的道就不能成功。因此君子尊崇德行，而通过好学善问，达到宽广博大的宏观境界，并深入到精微细致的微观境界；达到高尚光明，并遵循中庸之道，温习已经学过的知识而有新的见解，为人朴实厚道而崇尚礼仪。

感悟

　　历代所推崇敬仰的圣人，他们的大德有如天地，他们的功绩可昭日月，是历代推崇的至德圣人。他们共同的圣明之处就是心地至诚，胸怀宽容。因而，他们所实行的大道，有如汪洋大海，充满整个宇宙，孕育天地万物。圣人所实行的大道就是自然的大道，是天地运行的规律。礼仪与威仪既是庄重肃穆场合的仪式规范，也是日常动作行为的规范。

"礼"是尊重，"仪"是规范的表达方式。礼仪是沟通心灵的桥梁，表达的是对人的尊重，收到的也是自尊。礼仪以德行为基础，没有德行，礼仪只能是沦为虚伪的做作，德行因为礼仪而更加为人所敬仰。最高的道和最高的德是相连接的，但成就高尚道德谈何容易，必须加强修养。所以君子应该既尊崇道德又追求学问，使二者结合起来。

故事链接

孔子拜三贤为师

孔子是我国古代的大教育家、大思想家，儒家学派的创始人。可是，人们又会问他："你的老师又是谁呢？"孔子说："我不是生而知之者，是学而知之的人。"孔子又说："三人行必有我师焉。择其善者而从之，其不善者而改之。"

孔子不仅这样说，而且也是这样做的。由于家境清贫，他15岁时才有志于学问。孔子为了弄懂"礼"，从山东走到河南，一拜老聃为师。老聃为他讲学，在临别时，老聃说："富贵的人送人以钱财；有学问的人送人以言……我就送给你几句话吧！"

孔子听了老师的话，使他受益不浅。后来，他又二拜鲁国乐官师襄子为师。开始学琴时，孔子一连十几天总是反复弹拨着同一支琴曲。师襄子见孔子弹得已经十分娴熟了，就对他说："你可以换一支曲子进一步练习了。"孔子却回答说："我只学会了乐曲表面形式，对节奏内

中庸

容还不了解。"于是,孔子又继续练习。

过了几天,师襄子在倾听琴音时,他感到孔子已经领会了乐曲的意境,可以学习一些更加复杂的乐曲了。孔子却摇摇头说:"我虽然已经体会了乐曲的意境,但作曲的是个什么样的人,我还没有体会出来。"

于是,孔子又弹了一些时间。当他轻轻放下琴,站起来望着窗外若有所思时,师襄子问他有什么体会,孔子说:"我倾听着琴音,似乎看到了一位个子高高的、目光远大、慈爱安详的长者,这不是周文王又是谁呢?"师襄子称赞道:"你说得完全对啊!"就这样,孔子学会了乐,并且十分精通。在这之后,孔子又三拜苌弘为师。苌弘是个大音乐家,对音乐有很深的造诣。孔子拜他为师,请教律吕之学。他虚心听取着苌弘的指导,不懂就问。孔子说:"勤学,不耻下问,才能学到本领。"

由于孔子多方面拜能者为师,他掌握了多种学问和本领,成了大思想家、大教育家和大学问家。

石勒尊师好学

　　石勒，字世龙，上党郡武乡县（今山西榆社县）人。十六国时期后赵政权建立者，羯族部落首领周曷朱之子，中国历史上唯一一位奴隶皇帝。那是在晋元帝即位的第二年，匈奴族的汉国国主刘聪病死，使得汉国内部发生了分裂，这时，大将石勒在反晋战争中扩大了势力，自称为赵王。石勒年轻时候，并州正在闹饥荒。他和部落失散，受尽艰难，没有出路，就召集了一群流亡的农民，组织了一支强悍的队伍。刘渊起兵后，他在刘渊部下当了一员大将。

　　石勒不识字，但却受过汉族文化影响。他任大将以后，渐渐意识到要成就大业，光有武力是不行的。于是，他拜汉族士人张宾为师，还收留了一大批汉族的贫苦读书人，组织了一个"君子营"，虚心向他们求教。

　　石勒骁勇善战，加上有张宾等一大批谋士、老师帮他出谋献策，势力就更加强大了。两年后，他在襄国自称皇帝，改国号为后赵。

　　石勒自己没文化，却十分重视读书人和尊重教书的先生。当了皇帝以后，他命令部下遇到读书人和有学问的先生，一定要把他请到襄国来。

　　石勒还听从了张宾等人的意见，设立了学校，并且要部下将领的子弟进学校读书。他还建立了保举和考试的制度，招贤纳士，凡是考试合格的就选用为官。石勒特别喜欢读书，他自己不识字，就请一些读书人和老师把书讲给他听。他边听边思索，没有一点架子，还随时发表自己的见解。正是由于石勒重用人才、尊师好学，在政治上比较开明，后赵初期才出现了兴盛的景象。

中 庸

待人宽厚的刘宽

东汉末年，有一个以宽厚待人而闻名的人，名叫刘宽。一天，刘宽驾着一辆牛车外出游览，牛车慢慢地向前走着。突然，一个冒冒失失的人拉住了刘宽的牛车说："难怪我的牛不见了，到处找都没找到，原来是你把我的牛用来拉车了。"

刘宽对这突如其来的事，感到有些莫名其妙。心想，这么多年来我都是坐这头牛拉的车，这牛怎么是他的呢？任凭刘宽怎么向那人解释，那人就是一口咬定这头牛是他的。

刘宽转念一想，别人丢了牛，又急着要用，与他争也无用，便只好暂时让那人把牛牵走，自己步行回家。

没过多久，那丢牛人找回了自己的牛，便把刘宽的牛送了回来，并跪下叩头向刘宽道歉说："真对不起，误会了你，随你怎么处罚我都行。"

刘宽没有责怪他，反而体谅地说："同一类动物有相似的，有时候难免弄错。现在你很辛苦地把牛帮我送回来了，我还要谢谢你呢。"

刘宽升为太尉后，成为管理军事的长官，很有权势。有一次，他家请客，叫仆人到市上买酒。大家坐着等了很久，也没见把酒买回来，客人们都等得不耐烦了。后才见仆人喝得酩酊大醉跌跌撞撞地回来了。有个客人忍不住骂道："畜生养的，太不像话了。"仆人十分狼狈地走了。

过了一会儿，刘宽派人去看仆人，怕他自杀，并对左右的人说："他也是人啊，骂他'畜生养的'，太侮辱人了，我怕他受不了寻短见。"

刘宽温和的性情，宽宏的气度一直受到人们的尊敬。

是故居上不骄

是故居上❶不骄❷，为下❸不倍，国有道，其言足以兴，国无道，其默足以容。《诗》曰："既明且哲，以保其身。"其此之谓与！

注释

❶ 居上：身居上位，指国君和高层次的官员。
❷ 骄：骄慢。
❸ 为下：身居下位，指在下位的官员和百姓。

解读

因此，君子身处上位而不骄傲，身处下位而不背弃。国家政治清明时，他的言论足以振兴国家，国家政治黑暗时，他沉默足以容身自保。《诗经》说："既明达又智慧，可以保全自身。"说的也就是这个意思吧！

感悟

人有不同的社会地位，需要做到"位上不骄，为下不倍"，素位而行。世道清明时，政治环境宽松，言论要发挥更大作用，使国家振兴。政治混乱时，无法讲话，自然要沉默，要保全自己。《论语·宪问》中孔子说："邦有道，危言危行；邦无道，危行言逊。"这里和孔子思想交相辉映。

这一思想启发了孟子，所以他说"穷则独善其身，达则兼济天

中 庸

下"。最后引用《诗经》，说明只有既明事理又有智慧的人，才能在进退出处人生仕途周旋中，既不失其道，又能保护其身。当然做到这一点是非常不容易的，需要智慧，重要的是：审时度势，言默自如，不被富贵名声所羁绊。

趋利避害，明哲保身，是天经地义的自然规律，因此保全自身就不应受到非议，也只有保全了自己，才有再一次进取的机会和可能。古人说："人必先自爱而后人爱之，人必先自助而后人助人。"不能自保其身，又何以安民。

故事链接

范蠡功成身退

范蠡，字少伯，楚国宛地三户（今河南淅川县滔河乡）人。春秋末期政治家、军事家、经济学家和道家学者。

范蠡献策扶助越王勾践灭吴之后，勾践封他为上将军，范蠡向勾践上书说："我听说主忧臣劳、主辱臣死。当年大王受辱于会稽，我之所以没死，只是为了今日。现在是我该为会稽之辱死的时候了。"

勾践对他说："我刚要把越国分一部分给你以酬答你的功劳，你如果不服从，我就杀了你。"

范蠡知道是急流勇退的时候了，他喟然叹息说："我从计然那里学到的本领，已经让越国富强了，我再用在我自己的家上吧。"于是在一个深夜，范蠡携带金银细软，带领家属和手下，驾一叶扁舟泛于江湖，开始了经商致富之路。

范蠡跳出是非之地，又想到风雨同舟的同僚文种曾有知遇之恩，遂投书一封，劝说道："飞鸟尽，良弓藏；狡兔死，走狗烹。越王为人,长颈鸟喙,可与共患难,不可与共富贵,你为何还不离去?"

文种看到书信后,便称病不上朝。后来有人诬告文种要造反,勾践便赐剑一把,令其引颈自杀。勾践赐死的命令也堪称经典,他给文种下令说:"当年你献给我7条计策,我只用了3条便灭掉了强吴,还有4条在你那里,你到地下我先王那里去试试那4条吧。"文种便自杀了。

范蠡在齐,改姓换名,亲自率领儿子们耕作于海边,齐心合力,同治产业。由于经营有方,没有多久,产业竟然达数千万钱。齐国人听说范蠡的贤明,要请他作齐相。范蠡却喟然叹道:"居官致于卿相,治家能致千金,这都是布衣百姓能达到的极致了;久受尊名,终不是什么好事!"于是,他把家财都分给亲友乡邻,只带着最值钱的珠宝,从小道离开了齐国,来到了陶,变易姓名为陶朱公。

由于陶的地理位置很好,往来贸易非常发达,范蠡便做起了买卖,没有几年,又置下了千金的产业。天下人都称赞陶朱公是最会做买卖的人。

由于范蠡的出色智慧造就了春秋晚期吴越争霸的传奇色彩,而范蠡本人也凭借自己的才能,适度掌握着进退之间的步伐,后人曾经有评论说:"文种善图始,范蠡能虑终。"相比起来,文种的结局就有些悲惨了,如此更显示出范蠡的迷人智慧之光。

中 庸

愚而好自用

子曰:"愚而好自用❶,贱而好自专❷,生乎今之世,反古之道❸。如此者,灾及其身者也。"

注释

❶ 自用:刚愎自用,只凭自己主观意识行事,拒绝旁人的正确建议。

❷ 自专:独断专行。

❸ 反古之道:恢复古时制度。

解读

孔子说:"愚蠢而又刚愎自用,卑贱而又独断专行,生活在当今社会却偏要去恢复古代的制度,这样的人,灾祸也将会降临到他的身上。"

感悟

本章承接上一章发挥"为下不倍(背)"的意思。反对自以为是,独断专行,谈的还是素位而行的问题。"不在其位,不谋其政",归根结底,还得安分守己。

"今之世"为孔子的时代,即春秋末期。"反古之道"不是违反古代的制度,而是说返回古时之道,孔子对这种人是否定的。孔子生活在东周,他的复古是返回西周,即遵循周公制礼作乐所创立的西周礼仪制度,孔子时代所对应的"古"是指周代之前的夏代和商代。所以,孔子所要复的礼,恰好是那种"今用之"的"周礼",而不是"古之道"的"夏礼"和"殷礼"。

故事链接

杜暹埋金不受

杜暹,濮州濮阳(今河南濮阳)人,是唐朝时的监察御史。他出身于濮阳杜氏,明经及第,历任婺州参军、郑县县尉、大理评事、监察御史、给事中,以清廉著称。后出任安西副大都护,深得西域民心。

有一次,安西地区的汉族官员与少数民族官员之间发生矛盾,于是朝廷派杜暹前去调查。

杜暹日夜兼程,到达安西。他首先到少数民族官员那里了解情况。

少数民族的官员们,按他们的民族礼节,设宴隆重地款待杜暹。席间,他们拿出很多金子作为见面礼赠给杜暹说:"大人不辞辛苦,远

道而来，为我们主持公道，特备薄礼敬上，以表我们的心意。"

杜暹连忙站起身来，推辞说："不可！本官是受朝廷之命，前来看望各位，并希望你们和汉族官员能重修前好，和睦相处，共同效命于国家。"

少数民族的官员们一片诚心，杜暹仍然推辞再三，双方出现僵局。见此情景，随从人员悄悄走到杜暹面前说："大人您来到这样边远地区，又担负着调解矛盾的责任，可不要冷落了他们。"杜暹不得已只好暂时收下了这些赠金。

夜深了，当地的官员们都各自散去。这时，杜暹叫人悄悄地把这些金子埋在自己所住的帐幕下面。

公务完毕，杜暹离开当地。在返程途中，当走到半路时，杜暹已写了一份公文，派人送往少数民族的官员，告之那些金子埋在了帐幕下，请他们取出收回。

杜暹"埋金不受"这件事，给当地的少数民族和汉族官员留下了深刻的印象。后来，他们中的许多人还奏请朝廷，请求能派杜暹到安西那里去任职。

非天子

非天子，不议礼①，不制度②，不考文③。今天下车同轨，书同文，行同伦。虽有其位，苟无其德，不敢作礼乐焉，虽有其德，苟无其位，亦不作礼乐焉。

注释

① 议礼：议论礼仪，指修订礼仪。
② 制度：创立法度。
③ 考文：考核文字。

解读

不是天子不议论礼制，不制订法度，不考核文字。现在天下的车辙轨迹相同，书写的文字相同，伦理道德标准相同。即使有天子的地位，如果没有圣人的德行，就不敢制作礼乐制度，即使有圣人的德行，如果没有天子的地位，也不敢制作礼乐制度。

感悟

礼乐为国之大事，要"德"和"位"具备才能去制定。郑玄说："言作礼乐者，必圣人在天子之位。"

在下位不制礼乐，就符合了"为下不倍"和"君子素其位而行"。从作者表达的思想来看，"大德者必得其位"，"无其位"则诚尚未达到至诚，德尚未达到至德，此时应努力修诚修德，而不是妄议礼乐。

中 庸

故事链接

宋太祖尚学尊师

宋太祖赵匡胤出身于一个官僚家庭，那时，出于战争的需要，人们普遍崇尚武术，轻视读书。赵匡胤小时候，就和一般的宦官公子不同，他既崇武，又重文。7岁时，他到私塾读书，老师辛文悦是个知识渊博的人。

那时，学生常常会捉弄老师。有一天，劳累的辛老师竟趴在书案上打起盹来。两个好恶作剧的学生捉了只螳螂放在了辛老师的肩头上，眼看螳螂就要爬到辛老师的衣领里了，同学们发出"嘻嘻"笑声。

赵匡胤看到学生这样不尊重老师，十分气恼，他狠狠地瞪了那两个学生一眼，便轻手轻脚地来到了老师跟前，把螳螂捉了下来。

恰巧这个时候老师醒了，他看见赵匡胤手里捏着只螳螂，便以为他在捣蛋，气得冲着他喊："真乃顽童，岂能容汝。去也！"赵匡胤什么也没有说，流着眼泪退出了课堂。

后来，辛老师从别的学生嘴里得知了真相，心里很不平静。于是，他把赵匡胤找到身边，赔罪说："汝无错，师之过也！"

赵匡胤当了皇帝后，没有忘记恩师，派人把老师接到了朝中。辛老师一见当朝皇帝，就要行君臣大礼，赵匡胤忙跪拦道："愧煞我也，学生理应拜先生！我永远是您的学生啊！"

辛老师感动得热泪盈眶，他决定应赵匡胤之邀，留在朝中效力。宋太祖赵匡胤重文尊师的美德誉满天下，人们也纷纷效仿他。一时间，崇学尊师便成了社会风气。

吾说夏礼

子曰:"吾说❶夏礼,杞不足征❷也;吾学殷礼❸,有宋存焉;吾学周礼❹,今用之,吾从周。"

注释

❶ 吾说:我解说。
❷ 征:征验,证据。
❸ 殷礼:殷朝的礼制。
❹ 周礼:周朝的礼制。

解读

孔子说:"我解说夏礼,夏的后代只有一个杞国,不足以验证;我学习殷礼,现在还有殷商的后代宋国保持着;我学习周礼,现在正实行它,所以我遵从周礼。"

感悟

孔子早年丧父,幼而贫贱。"为儿嬉戏常陈俎豆",有"知礼"的美誉,他的管理思想以"从周"为起点。

对于礼仪的态度,孔子用的还是中庸的态度。夏商之理俱是古礼,考证起来困难,施行起来更难,周礼为所生活的时代正在施行的礼仪,不过人们不再严格遵守,但它容易学习推广,应从近易之处施行,故从周礼。

中　庸

儒学学者萧公权先生认为"正名"乃是"从周"的具体主张，即按照盛周的典章制度，以调整君臣上下的权利与义务。一个国家，如果它的管理者都能够各依其名位而尽其所应尽之事，用其所当用之物，则秩序井然，彼此皆安，即以角色理论而言，"从周"就是"角色期待"。

故事链接

平易近人的光武帝

东汉光武帝刘秀刚刚即位的时候，天下未定，还存在着许多割据势力。当时除了光武皇帝以外，还有四个人称帝，四个人称王，两个将军也都各自独霸一方。其中，势力比较大的有五郡大将军窦融、西州大将军隗嚣、蜀中皇帝公孙述。

汉光武帝要想统一天下，就必须把这些割据势力各个击破，于是他决定先拉拢隗嚣和窦融，好孤立公孙述。公孙述也想拉拢隗嚣，曾经派使者去封他为王。隗嚣不知道汉光武帝和公孙述两人到底谁能最后统一天下，拿不定主意到底应该投靠谁，就派手下的一个谋士马援作为使者，到两边去探听虚实。

马援和公孙述是同乡，从小就是好朋友。他到了公孙述那里，以为自己是公孙述的老朋友，又多年没有见面，公孙述见了他一定会很高兴。可是公孙述却向他摆皇帝的架子，对待他就像对待一般使臣一样，虽说接待他的场面也很隆重，但是一点也没有以前的亲热劲。他见了马援，没说上几句话，就封马援为大将军，还威严地坐在那里，等马援向他谢恩。

马援心里很不痛快，就推辞不受。他回到隗嚣那里，对隗嚣说：

"公孙述妄自尊大,就好像一只井底下的青蛙,我看我们还不如投靠东边的汉光武帝。"于是,隗嚣又派马援去见汉光武帝。光武帝穿着便装,也不带卫兵,在殿上很随便地接见马援,就像老朋友见面一样,没有半点皇帝的派头。汉光武帝笑着对马援说:"你在两个皇帝之间奔波,今天见到你,我还真觉得有点不好意思啊!"

马援说:"现在天下还没有定下来,不仅是做君主的要挑选臣子,做臣子的也要挑选君主。我和公孙述从小就是要好的朋友,他见我的时候都有卫兵护卫着,您见我的时候却这么随便,连卫士也不带,就不怕我是刺客吗?"汉光武帝笑着说:"你不是刺客,大概是说客。"

马援见刘秀如此热情,平易近人,深受感动,心中认为,汉光武帝胸怀博大,礼贤下士,可以成就大业。

汉光武帝和马援谈得很融洽,马援回去以后,就把自己的看法跟隗嚣说了。后来,公孙述果然被刘秀灭掉,汉光武帝统一了天下。

中 庸

王天下有三重焉

王天下有三重❶焉，其寡过矣乎！上焉者❷，虽善无征，无征不信，不信民弗从；下焉者❸，虽善不尊❹，不尊不信，不信民弗从。

注释

❶ 三重：三件重要的事，指上章讲的议礼、制度、考文。
❷ 上焉者：出于上位的人。
❸ 下焉者：指在下位的人，如孔子。
❹ 不尊：没有尊位。

解读

统治者治理天下能够做好议订礼仪、制订法度、考订文字这三件重大的事，就可以减少犯错误！处于上位的人，德行虽然美善而没有验证，没有验证人们就不能相信，人们不相信就不会遵从；处于下位的人，德行虽然美善但不尊贵，不尊贵人们就不能相信，人们不相信就不会遵从。

感悟

治理天下必须重视的三大要务：议定礼仪，设立制度，规范文字。礼仪用于约束规矩人的行为，制度在于确立人的行为准则，文字是用来传播信息，方便沟通，这是治理天下所必须重视的根本。

首先必须从自身出发，使自己的心灵清纯，并使自己的行为合乎自然大道，合乎人伦大道，合乎神明良知，以自己的行为终身实践，建立自己崇高的人格，树立自己的道德楷模，从而影响和引导天下人效法。

明代思想家洪应明说："清能有容，仁能善断，明不伤察，直不过矫，是谓蜜饯不甜，海味不咸，才是懿德。"就是说，清心寡欲，就能包容万物；心怀仁恕，就能选择好的决策；明达事理，就不至于苛求；正直耿介，而又不失于矫枉过正。就像蜜饯，味美却不令人觉得过分的甜腻；虽是海味，鲜美却不过分的咸涩，做人处事能够达到这样浑然完美的境界，才是真正的美德。

真正的君子，以自己的德行带给大众以幸福和快乐，给社会以安定和秩序，使自然和谐荣盛，从而人尽其力，物尽其用，受到百姓的称颂和拥戴。

为政者总是力求做出可见的政绩，以证明自己的能力，标榜自己为民谋利的赤心，从而名垂史册。可是往往适得其反，所谓"政绩"沦为"政疾"，不仅未能给人民带来恩惠，实则成为百姓的负累，由此可见，慎而作为，才是民众的福祉。

当政者不仅要有好的德行修养，而且要有能够身体力行的务实作风，才能取信于民，切忌以空洞的说教和用过多的条规制度来进行强制性约束，应当奉行"清静无为"的政策，顺应天意，服从民心，让百姓尽其所能，自主发展，而不是进行人为的干预。

故事链接

雍正帝扣银罚轻师

雍正年间，有一个驻京学使。他喜欢在同僚中吹嘘自己为人正直、为官清廉。有一天，一位早年的先生来求见他。他看了看老师那衣衫褴褛的样子，就猜透了八九分。于是说道："恩师光临寒舍，学生三生有幸，有失远迎，万望恕罪。不知身体可嘉？精神可好？专程前往，又有何见教？"寒暄了一阵，才让座。

先生看了看满屋生辉的装饰和学生那不冷不热的样子，哪里会坐，便开门见山地说："身体精神均佳，只是生活拮据……"

学使不等先生说完就说："弟子牢记先生'为官清廉'之教诲，不敢苟私。然清廉就要清贫哪！故手无银两，家无余资……"

不等学使说完，先生道："为师不难为你，告辞了！"学生十分得意，照例在同僚中宣扬了一通，以示廉洁，心想传到皇帝耳朵里，定会龙恩大降，身价倍增。

此事果然传到了雍正皇帝的耳朵里。哪知雍正帝不但没有"龙恩大降"，反而大为恼火，说："国将富，必尊师而重傅。古有'一日为师，终身为父'之说；又有'一日三炷香，供奉天、地、君、亲、师'之礼。学使弃先人之说，违先人之礼，实属不道！"于是传旨："从学使正俸以外的补贴中扣500两银，给其师，以顺言正名！"从此，雍正帝扣银罚轻师的故事，便传扬于世。

汉明帝尊师拜师

东汉时期，汉明帝刘庄十分尊敬老师。当刘庄还是太子时，光武帝便为他选定一位名叫桓荣的老师，为刘庄讲解经义，并封他为太子少傅。

当时，贵为太子的刘庄对老师非常讲究礼仪，每次都恭恭敬敬地听从老师的教诲，虚心学习，刻苦攻读。几年之后，刘庄便成为当时出色的经学家，并早成大器，即位当上了皇帝。

不过，刘庄并未因自己当了皇帝就骄横起来，相反，他对老师依然毕恭毕敬。由于老师桓荣年迈，他便免去了老师上朝奏事的礼节，让桓荣在家休养，并经常带着大臣们去桓荣家里听课。

在繁华的洛阳城内，那时经常出现这样的景象：宽敞的街道上，行人和车辆纷纷闪出一条路，然后有一辆高大、宽敞、华丽的彩色马车从中直驱而过，车后又跟着一支长长的队伍，浩浩荡荡地向桓荣家驶去。老百姓对圣驾都投以尊敬、钦佩的目光，纷纷赞叹：自古以来，还没有遇到这种亲自驱车到老师家求学的皇帝。

为了不惊动老师桓荣，每当马车临近桓荣家时，明帝都下令停车，然后下车步行进入老师家的小巷。桓荣得知皇帝驾到，便赶紧整理好衣帽，到门外恭候，以行君臣之大礼，但汉明帝每次都非常恭敬地请老师免礼。然后亲自搀扶老师进入府中，让老师上座，并叫大臣们在桓荣面前摆设案几，让文武百官站在桓荣面前，以表对老师的尊敬与关心，然后自己则像小学生一样捧着经书，全神贯注地听桓荣老师讲课。

休息时，明帝还会亲自捧着在皇宫特意为老师做的点心，恭敬地送到老师面前，请桓荣品尝。

永和五年，桓荣身患重病，明帝多次去老师家中探望，每次来都是小步跑到老师的病床前，并叮嘱有关大臣经常到老师家帮助老师料理家事。

不久后，桓荣病故，明帝悲痛万分，不顾圣驾的尊严，不顾大臣的劝阻，脱下龙袍，穿上丧服，亲自到桓荣老师家为之吊孝送葬。同时，他还将周朝高士伯夷叔齐墓葬首阳山的一块要地赏给桓荣作为墓地，并赞扬老师："桓荣老师的品德高尚，学识渊博，可以和古代贤人相媲美。"

中 庸

故君子之道

故君子之道：本❶诸身，征诸庶民，考诸三王而不缪，建诸天地而不悖❷，质诸鬼神而无疑，百世❸以俟圣人而不惑❹。

质诸鬼神而无疑，知天也；百世以俟圣人而不惑，知人也。是故君子动而世为天下道❺，行而世为天下法，言而世为天下则。远之则有望，近之则不厌。

注释

❶ 本：修养德行为本。
❷ 悖：悖，违背，相抵触。
❸ 百世：指百世以后。
❹ 不惑：不疑惑。
❺ 道：通"导"，先导。

解读

所以，君子治理天下要以修养自身为根本，在百姓中要取得验证并确认，并用夏商周三代圣王的礼仪制度来考查而没有错误，立于天地之间与天地相合而不违背道理，卜问鬼神得到验证而无可怀疑，等到百世之后的圣人来验证也没有疑惑。

卜问鬼神得到验证而无可怀疑，这是了解天意；等到百世之后的圣人去验证也没有疑惑，这是了解人意。因此，君子的举动世世代代成为天下的先导，君子的行事世世代代成为天下的法度，君子的言论世世代代成为天下的准则。远离君子的人有仰慕之心，靠近君子的人无厌恨之意。

感悟

提高到理论上来说，这一章所强调的，依然是重实践的观点。"本诸身，征诸庶民"，以自身的德行为根本，并从老百姓那里得到验证。这是主客观的结合，理论与实践的统一，用客观实践来检验自己的主观意图、见解、理论是否符合老百姓的利益与愿望。这里也蕴含着儒者对伟大与崇高的向往和对不朽的渴望，也就是中国古代知识分子崇奉的立德、立功、立言三不朽追求。

故事链接

刘邦敬老得贤臣

刘邦，即汉太祖高皇帝，沛丰邑中阳里人，汉朝开国皇帝，汉民族和汉文化的伟大开拓者之一、中国历史上杰出的政治家、卓越的战略家和指挥家。秦朝末年，刘邦和项羽兵分两路进军关中，楚怀王与他们约定，先进入咸阳者为关中王。

刘邦率领大军直捣秦国国都的门户函谷关。他途经高阳，准备消灭驻扎在那里的秦军。高阳有一个名叫郦食其的老头，60多岁，酒量惊人。他很有韬略，他看到刘邦是个能成就大业的人，于是就让在刘邦帐下当骑兵的一个乡亲引见，想见刘邦，愿为他效劳。刘邦答应了。

郦食其来到刘邦居住的驿舍，进到屋里，看见刘邦正坐在床边，让两个女子给他洗脚。郦食其故意慢慢腾腾地走到刘邦面前，只是作揖并不拜。刘邦看见来人是个60多岁的儒生，心里很厌烦，坐在床边纹丝

中　庸

不动，好像根本没看见有人给他作揖。

郦食其看到刘邦这样傲慢无礼，很生气，高声问道："足下带兵到此，不知是帮助秦国攻打起事的诸侯呢？还是帮助各诸侯讨伐暴秦？"

刘邦听他说话这样随便，明知故问，也不下拜，举止故作斯文，于是大动肝火，大骂道："你真是一个不识时务的书呆子！天下人谁没有尝过暴秦的苦头？天下的豪杰都讨伐秦，我怎么会去助秦？"

郦食其不紧不慢地说："足下如果真心讨伐暴秦，为什么见到年长的人这样无礼？你想一想，行军打仗不能蛮干，要有好的谋略，如果您对待贤人这样傲慢，那么谁还为您献计献策呢？"

刘邦听了这番话，急忙擦脚穿鞋整衣，向郦食其道歉，请他坐在上座，恭恭敬敬地说："先生有何良策，请多多指教。"

郦食其见刘邦改变了态度，虚心求教，便对他说："足下的兵马还不到一万人，就打算长驱攻入秦国的国都，这好比是驱赶着羊群扑向老虎，只能白白送命。依我看不如先去攻打陈留。陈留是个战略要地，城中积存的粮食很多，作为军粮足够用，而且交通四通八达。"

这样，郦食其向刘邦献出了一条妙计。刘邦非常高兴，请郦食其先行到陈留，然后选派一员大将领一部分精兵赶到。

郦食其来到陈留，见到县令，劝他投降，县令不肯。郦食其在酒宴上把县令灌醉了，然后偷出县衙令箭，假传县令的命令，骗开城门，把刘邦的军队放进去，杀死了县令。

第二天，刘邦的大队人马进入陈留。由于郦食其事先早已为刘邦写好了安民告示，刘邦一进城，就受到百姓的欢迎。

刘邦看到陈留果然储存有大量的粮食，十分佩服郦食其的神机妙算，于是，封他为广野君。刘邦在陈留招兵买马，军队扩大了将近一倍，最终抢在项羽之前攻入了关中。

留字还珠的林积

林积是宋朝时一位读书人。有一次，他到京城去上学，路过蔡州，天气已晚，便住在客店里。躺在床上，他觉得有什么东西垫在床铺下，他起床揭开席子一看，原来是一个布袋子，把袋子打开，他一下惊呆了，原来里面有几百粒闪闪发光的珍珠，想必是过路人丢失的。

第二天，林积急于赶路，便在墙上留下了自己的名字："×月×日，剑浦林积曾住此处。"写好字后，他又把捡到珍珠的事和自己在京城的地址向店主一一做了说明。

不久，那个丢失珍珠的人赶回客店，看到墙上林积的题字，店主人又告诉他林积留下的地址，才知道有人捡到他丢失的珍珠并好心招领，于是急忙赶往京城。

那人到了京城，按林积留下的地址果然找到了林积。林积对他说："珠子都在，你到官府里递个文书，说明丢失珍珠的数量，我把珠子全都还你。"

那人按林积的话办了。林积来到官府，当着府尹的面，把珍珠全部还给了那人。府尹建议两人平分，丢珍珠的人也很同意。林积坚决不肯接受，说："我若是想要它，这些珍珠从捡到那天起，就全部归我了。"林积说什么也不要，丢珠子的人只好表示万分感谢，这才把事情了结下来。

林积留字还珠的故事传开了，人们都赞扬林积的好品德。

中 庸

在彼无恶

《诗》曰:"在彼无恶❶,在此无射❷;庶几❸夙夜❹,以永终誉!"君子未有不如此,而蚤有誉于天下者也。

注释

❶ 恶:厌恶。
❷ 射:妒忌,放肆不敬。
❸ 庶几:几乎,差不多。
❹ 夙夜:早晨晚上。

解读

《诗》说:"在那里没有怨恨,在这里没有厌恶,几乎早晚都能够勤谨,永远保持着美好的声名。"君子没有不这样做却能一直有美名远扬的。

感悟

这一段要求当政者身体力行,不仅要有好的德行修养,而且要有行为实践的验证,才能取信于民,使人听从,只有这样,才能成为老百姓的公仆。

> 故事链接

唐太宗以民为重

唐太宗李世民,生于武功之别馆(今陕西武功),是唐高祖李渊和窦皇后的次子,唐朝第二位皇帝,杰出的政治家、战略家、军事家、诗人。

公元627年,李世民接替父亲登上了皇位。当时的唐朝,是在隋末天下大乱的基础上建立的。连年的战乱,使社会经济生活遭到严重的破坏。黄河以北许多地方,旷野千里不见人烟;江淮之间,田地里到处长满野草。全国人口只有300万户,只有隋朝极盛时人口的五分之一。

庞大的军队,众多的官员,只能靠苛捐杂税维持。老百姓受不了,只好弃地逃亡,流浪他乡。土地荒芜太多,又造成了粮食奇缺,长安粮价最贵时,一匹绢才能换到一斗米。

如何把国家从危机边缘解脱出来?李世民冥思苦想,逐渐悟出了"民为邦本"的道理。

他对大臣们说:"君主依靠国家,国家依靠百姓,靠剥削百姓来侍奉君主,等于割自己的肉充饥。""人君的灾祸,不是从外面来,总是自己造成的,人君贪欲太多就要多费财物,多费财物就要多加重税收,税收加重了百姓愁苦,百姓愁苦国家就危险。""治国好比种树,树根牢固,树叶就茂盛了。所以,为君之道,必须先存百姓。"于是,他听从大臣魏征与民"安静"的意见,采取了一系列利国利民措施:

第一是减轻赋税。对山东等一些受灾严重的地方,甚至免税一年。个别地区,他还安排救济饥民。

第二是大力兴修水利,促进农业生产。

中 庸

第三是想方设法增加人口。他派使者与突厥谈判，让其归还掳去的中原百姓；同时下令放逐长期被关在宫中伺候皇上的宫女3000人。另外，还规定凡是到了一定年龄未成家的男女青年，由州、县官帮助他们及时结婚。

第四是尽力克制自己的欲望。他提倡节俭，反对奢费，不但自己住在前朝留下来的旧宫殿里，不劳动百姓大兴土木，而且还规定了王公以下的住宅、车服、婚嫁等的标准，不准任何人超越规格。

第五是认真贯彻均田制，实行计口授田，规定每个丁男应有田30亩，努力使老百姓有田种，有饭吃。

为了促进农业生产，他不但组织委派官员到各地"劝课农桑"，而且亲自在宫廷后面开了几亩地，带头种起了庄稼。他的妻子长孙皇后见皇帝在"躬耕"，便也立即组织起后宫的妃子、宫女，学农村妇女的样子，养起蚕来。

皇帝和皇后的行动，不但对当时农业生产的恢复和发展起到了较好的推动作用，而且通过亲身对劳动的体验，也使他们真正体会到了农业生产的辛苦，在一定程度上缩短了同劳动人民感情上的距离。

有一次，他对即将分赴各地"劝农"的使者说："我才试种了几亩地，就感到很疲乏。我想，农夫种田几十亩，终年不息，他们就更加辛苦了。所以你们到州县去，一定要亲自到田头垄间去看看，不得叫人迎送。如果送往迎来，误了农时，这样的劝农还不如不去。"作为一个封建帝王，如果没有亲身的劳动实践，是说不出这番话的。

李世民登基当了皇帝的这一年八月，夏天的酷暑还没有消去，连绵的秋雨就接着来了。李世民过去在战斗中多次负伤，每逢阴雨天气，伤处就隐隐作痛。有的大臣提议建一座高而干燥的新宫殿，让皇帝避潮湿。

李世民也希望改换一下住所的环境，当时也就同意了。可事后他找了几个工匠计算了一下耗费，需要花不少的钱。李世民犹豫了，他想，战争刚刚结束不久，国库十分空虚，为了自己舒服，花这么多钱值得吗？

他联想起汉文帝的故事来。当年汉文帝曾打算建一座露台，后来听说要花费100斤黄金，就舍不得了，认为100斤黄金相当于10户中等人家的财产，不想劳民伤财，就把那个项目停了。李世民对建议修殿的大臣说："我的功德不如汉文帝，但修殿耗费却超过了100斤金子，这件事还是不要办了！"

由于李世民采取了许多有利于生产、有利于人民的措施，加之他本人能够以身示范，以民为重，爱护民力，满目疮痍的中国大地，慢慢地复苏起来，并以较快的速度得以发展，终于达到了唐代政治、经济的最高峰，那就是历史学家们津津乐道的"贞观之治"。

| 中 庸

仲尼祖述尧舜

仲尼祖述尧舜，宪章文武；上律天时①，下袭水土②。辟如天地之无不持载，无不覆帱③，辟如四时之错行，如日月之代明④。万物并育而不相害，道并行而不相悖，小德川流⑤，大德敦化⑥，此天地之所以为大也。

注释

① 律天时：遵从天时自然之运行。
② 袭水土：符合水土的地理规律。
③ 覆帱（dào）：遮盖，掩盖。
④ 代明：交替光明，循环变化。
⑤ 小德川流：小德如江河，川流不息。
⑥ 大德敦化：大德敦厚，化育万物。

解读

仲尼继承尧舜的传统，效仿周文王、武王的典章，上遵从天时运行的规律，下符合水土地理环境。就像天地没有什么东西不能承载，没有什么东西不能覆盖，就像四季错综运行，日月交替照耀，万物一起生长而不相防害，遵循各自的规律而不相违背。小的德行如河水一样长流不息，大的德行使万物敦厚纯朴，这就是天地之所以伟大的原因吧。

感悟

天地的伟大之处，就是孔子的伟大之处。因为孔子与天地比肩，与日月同辉。

这一章以孔子为典范，盛赞他的德行，为学者塑造了一个伟大、崇高而不朽的形象，使他流芳百世而成为后代人永远学习与敬仰的楷模。把孔子描绘成中庸之道的典范，从《中庸》本身的结构来看，这也是从理论到实际了，从中庸之道方方面面的阐述落实到一个具体的榜样上来。

故事链接

隋文帝厉行勤俭

隋文帝杨坚，汉族，弘农郡华阴（今陕西省华阴市）人。汉太尉杨震十四世孙，隋朝开国皇帝。

公元589年，隋文帝杨坚实现了南北方的重新统一。他总结了前人的经验，认识到勤俭是治国最重要的有效途径。

为振兴国家，隋文帝身体力行，勤于政事，俭于自奉。每天一早，他便上朝理政，直到过午还不知疲倦；乘车外出途中，遇到有人上书，便亲自停下来过问。

在生活上隋文帝规定从帝王到后宫，服饰器用，务求节俭。妃嫔们的衣服，只要能穿，就不换新的；宫人们的衣服脏了，都要洗过再穿；车舆上的东西破了，补补之后再用。隋文帝自己的衣服和用物，也是用坏了随时送去修补，补好再用。

有一天，隋文帝见到太子杨勇的铠甲曾精心地装饰过，很不高兴，便把太子叫到跟前，很严厉地告诫他说："自古帝王没有好奢侈而能长久的。你当太子,应该把俭约放在首位,将来才能继承好皇位。为了让你学习我的榜样,我过去穿过的衣服,你应该各留一件在身边,经常观看,以便时刻提醒自己不要奢侈。"

有一次,隋文帝身患痢疾,配些止痢药,需用一两胡椒粉,可是,找遍了宫中上下都找不到。又一次,他到灾区视察,他拿着老百姓吃的糠给群臣看,痛苦地责备自己无德,表示今后膳食从简,不吃酒肉。

由于皇帝躬行节俭,当时社会上也出现了俭朴之风。一般士人平日多穿布帛,装饰品也只用铜、铁、骨、角制造,不用金玉,为国家节省了大量的金钱和物资。

为了提倡节俭,形成风气,隋文帝还从法律上规定,对挥霍无度者,严惩不容。

隋文帝还经常派人侦察朝内外正官,发现罪状便加重惩罚。他痛恨官吏的贪污行为,甚至秘密派人给官吏送贿,一旦接受,立即处死。

隋文帝的儿子杨俊,生活奢侈,被发现,勒令禁闭。大臣杨素认为罚得太重。他说,皇上和百姓只有一个法律,照你说来,为什么不另造皇子律?

由于隋文帝在建国初期能厉行勤俭,使政治较为清明,阶级矛盾相对缓和,人民的负担比南北朝时期有了显著的减轻。经济呈现出繁荣景象。

可惜,隋文帝晚年对自己提出的要求没能坚持到底。晚期的他,逐渐变得多疑、凶残,暴躁易怒,而且听信文献皇后之言,废黜长子杨勇立晋王杨广为太子,埋下了亡国的祸根。他的儿子杨广上台后,奢侈无度,不久就被农民起义推翻了。

惟天下至圣

惟天下至圣，为能聪明睿知❶，足以有临也；宽裕温柔，足以有容❷也；发强刚毅，足以有执❸也；齐庄中正❹，足以有敬也；文理密察，足以有别❺也。

注释

❶ 睿（ruì）知：睿，通达，思虑深广。
❷ 有容：有博大的包容心。
❸ 有执：有管理能力。
❹ 齐庄中正：整齐恭敬、庄重、不偏不倚、正直。
❺ 有别：辨别。

解读

只有天下最圣明的人，才能既聪明又睿智，能居于上位而治理天下；广大宽舒，温和柔顺，足以包容天下；奋发强劲，刚健坚毅，足以决断大事；整齐庄重，公平正直，足以敬业；条理清晰，周详明辨，足以分辨是非。

感悟

这里讲"至圣"。聪明睿智、宽裕温柔、发强刚毅、齐庄中正、文理密察，这是中庸为天下君子所提出的五大标准，都是说圣人的内在品德，也即仁义礼智。

中 庸

> 故事链接

石勒不记布衣之仇

石勒是战国时期后赵的第一任国王。当初，石勒家里很穷，替人耕田。武乡一带兴种麻织布，收获后，麻秆要放在沤麻池里沤。沤过的麻秆，容易剥离，且十分柔软。

邻居李阳与石勒同使一个麻池，二人都很年轻，常常为了沤麻的事发生口角，以至殴打，每次都是鼻青眼肿，遍身泥水。乡亲们也无可奈何。

后来，石勒被抓了壮丁，从此杳无音信。石勒走后，李阳常常去照顾他年老的父母，抢累活脏活干，可以说无微不至。

有一天，有人来告诉李阳，说："石勒已经当上赵国国王，都在襄国建都了，还要请当年的父老乡亲到襄国去叙旧呢！"后来又说："石勒已经派人来了！"

李阳听了，吃惊非小。想起当年的事，惴惴不安。心想：这回可完了，赶快逃跑吧！又一想：跑到哪也逃不出国王的手掌心啊！不如看看风声再说。就跟随着乡亲们去襄国了。

到了襄国，李阳徘徊在赵王宫殿前，不敢进去。乡亲们也为他捏了一把汗，只好先进去了。石勒见了乡亲，嘘寒问暖，十分亲热。

当问到李阳时，乡亲们吞吞吐吐地说："他有心事，不敢进殿！"

石勒听了，哈哈大笑，道："李阳是个好人，理应请到。至于当年，属于孩儿们之间的区区小事，早已化为乌有了。你们想，一国之君怎能如此心地狭窄，容不得人？连李阳都能不计前嫌，精心照顾我年老的父母，难道我连他都不如吗！"

石勒连忙诏见李阳，设宴款待，同他欢饮。拉着他的手说："我从前挨够了你的硬拳头，你也尝够了我的毒巴掌，今天也该和好了！"说完哈哈大笑，李阳也会心地笑了。后来，石勒留下李阳，任他为参军都尉。

李阳、石勒都能不计前嫌，宽厚待人。然天子不记布衣之仇者，能有几人呢？

| 中 庸

溥博渊泉

溥博渊泉，而时出之。溥博①如天，渊泉如渊。见②而民莫不敬，言而民莫不信，行而民莫不说。是以声名洋溢乎中国，施及蛮貊③；舟车所至，人力所通；天之所覆，地之所载，日月所照，霜露所队；凡有血气者，莫不尊亲，故曰配天。

注释

① 溥博：辽阔广大。
② 见：显现，形象。
③ 蛮貊（mò）：古代野蛮的边远部族。泛指未开化的少数民族。

解读

圣人的美德博大精深而又适时的表现了出来。博大像天，深沉像渊，表现在仪表上则人们没有不敬佩的，表现在言论上则人们没有不信任的，表现在行为上则人们没有不喜欢的。所以，他的美好声名广泛流传在中原之地，并传播到边远的少数民族部落；车船所到的地方，步行所到的地方，天所覆盖的地方，地所负载的地方，日月所照耀的地方，霜露所降落的地方，只要有血脉气息的人，没有人不尊敬亲近他的，所以说，圣人的德行是可以与天匹配的。

感悟

这里用源头奔腾流淌，用天浩瀚无垠，塑造圣人的智慧。极力形容圣人的影响，无论种群或地域，人们都会尊敬他，信任他，亲近他。如朱熹所说"盖极言之"，"言其德之所及，广大如天也"。

故事链接

张奂以德服人

张奂，字然明，东汉敦煌渊泉人。张奂年少时，即有高远的志节，曾对朋友说："大丈夫处世，当为国家立功边境。"及为将帅，果然建有功勋，董卓深为敬慕，让他的长兄赠送绫罗绸缎百匹，以相结交，但是张奂厌恶董卓的人品，断然拒绝而不接受。

张奂年轻时游历三辅，拜太尉朱宠为师，学《欧阳尚书》。认为40多万字的《牟氏章句》浮词烦冗，于是精简为9万字，"乃上书桓帝，奏其《章句》，诏下东观"。后举贤良，对策第一，擢拜议郎。累迁安定属国都尉，他为政宽仁、清正，升匈奴中郎将、大司农等。后因得罪宦官，陷于党锢，放归田里。

永寿元年，张奂升任安定属国都尉，初到职，南匈奴左薁鞬台耆、且渠伯德等7000余人寇掠边境，张奂只有200余名兵士，军吏以为兵力悬殊太大，叩头谏止，张奂不听，当即率兵出击，进驻长城，招募兵士，派遣使者招诱东羌，占据龟兹，隔断了南匈奴与东羌的联系。于是当地豪强相串通好，协力共击薁鞬等，连战皆胜，伯德惶恐，率众归降，郡界因此安宁。

羌人豪帅感激张奂的恩德，献上好马20匹，先零酋长又送给他8枚金制饰品，张奂豪爽地收下，然后招来主簿，在这些羌人面前，先以酒倒在地上表示敬祭天地，张奂说："天地共鉴，即使马匹多如羊，不要占为自己所有；即使金银多如粟，不要装进自己的怀中……"说完把马和金银饰品全数退还。羌人生性贪婪，但是对清廉的官吏特别崇拜，以前的历任都尉全都贪财好利，所以羌人以为灾患，而面对张奂正身洁己的廉洁行为，他们深为叹服，因此，边境秩序稳定，威化大行。

拒绝奉承的宋璟

宋璟是唐玄宗时期的宰相，是唐朝有名的政治家。他曾辅佐唐玄宗针对当时的时弊进行了一些大胆改革，对推动唐玄宗时期的社会发展做了很大贡献。他干练正直，历史上流传着一些关于他为人正直的佳话。

宋璟在担任宰相兼吏部尚书时，有一天，吏部主事给他转呈了一篇署名"小人范知璿"的《良宰论》，并说："这位姓范的很有学问，是一个人才。"宋璟听了很高兴，赶忙拿起《良宰论》这篇文章读起来。

文章一开头议论风生，条理通畅，宋璟边读边说："不错，不错，才堪重用。"可是，读到文章的后一部分时，他的眉头便皱了起来。因为范知璿在文章里对宋璟竭尽奉承。说宋璟超过古代的晏子、张良，远胜唐太宗时的魏征、房玄龄，还把天下描绘得一片太平……宋璟喃喃地说："这太过分了，太过分了。"

读过全文，宋璟对恭立一侧的吏部主事说："范知璿确实是个人才，但为人品德不正。尽写些阿谀奉承的话。这不是一害国家，二害自己吗？这种人，我倘若把他提拔到身边，对我也没有好处呀！请你转告他，应就国计民生，切切实实地提些建议，不要再搞阿谀奉承之类的事了。"

于是，范知璿这个善于奉承的人，因此而没得到重用。

惟天下至诚

惟天下至诚，为能经纶天下之大经[1]，立天下之大本，知天地之化育[2]。夫焉有所倚？肫肫[3]其仁！渊渊其渊！浩浩[4]其天！苟不固[5]聪明圣知达天德者[6]，其孰能知之？

注释

[1] 大经：大政纲领。
[2] 化育：化养万物。
[3] 肫肫（zhūn）：诚挚恳切的形象。
[4] 浩浩：壮阔盛大的样子。
[5] 固：实在，真实。
[6] 达天德者：通晓天赋美德的人。

解读

只有天下最诚的人，才能掌握治理天下的大纲，树立天下最根本的道德，知晓天地化育万物的道理。除了至诚还有什么可依傍的呢？至诚的人，他的仁德是那样的诚恳！他的思想像潭水一样深沉，他化育万物的胸襟像蓝天一样广阔！假如不是确实具有聪明睿智通达天德的人，又有谁能够知道这个道理呢？

感悟

此章还是讲"至圣"。至圣必须是至诚的。"大经"，指五伦，

中 庸

"大本"，指性之全体，如仁等。这二者都需要高度的诚实，只有圣人才能做到。

"大经"理顺了，"大本"立起来了，"大本"的核心仁，也十分笃实，像渊水一样深静，像浩天一样广博，这样崇高的道德自然会独自挺立，无须依托任何东西。这是只有已达到和天同德的圣人才能了解的道理。全篇极力形容"至圣"和"道"的同一。

为人者，以至诚的仁厚心灵，以源源不竭的智慧，以堂堂正正的浩然之气，昂然立于天地之间，建设至德至诚的完美人格，经天纬地，制规立矩，正本化育，导引着天下世道走向正途。

对于天地万物内在天性的认识，是没有止境的，只有彻悟上天之德的圣哲，才能具备如此的大智慧，也只有至诚至德的圣哲，与天地并立。

故事链接

朱震亨诚心拜师

朱震亨，字彦修，元代著名医学家，婺州义乌人，因其故居有条美丽的小溪，名"丹溪"，学者遂尊之为"丹溪翁"或"丹溪先生"。

朱震亨医术高明，为人看病认真负责，大家都十分尊敬他。但是，朱震亨早年并不是学医的，他也像当时许多的读书人一样，读的是经书，为的是应考做官，而他的老师则是当时有名的学者许文懿。

许文懿身患慢性病，经过多年治疗都没能治好。一天，许文懿对朱震亨说："我的病如果没有精于医术的人治疗，恐怕难以治好。你是很聪明的，愿不愿意去学医呢？"

朱震亨素怀惠民之心，又因为过去母亲经常生病，曾自学过一些

惟天下至诚

医学常识，对医学也有一定兴趣。现在听了老师的建议，便毅然决定不去做官而改学医。为了表示自己的决心，他把过去为准备赶考而写下的文章都烧掉了，一心致力于学医。

朱震亨虚心地向本地一些医生学习，他不分昼夜地钻研当时流传的一些处方。可是，实践使他认识到死搬过去的处方来治今天的病，效果是不好的，最重要的是要掌握医学原理，只有掌握了医学原理，才能得心应手地为病人治病。

为此，朱震亨离开家乡到外地去求访名师。但是，他跑了很多地方都没有访到名师。在回义乌途经武林时，有人告诉他有一个叫罗知悌的先生医术很高，不过罗先生性情非常怪癖，自以为有本事而不愿意传授给别人。

朱震亨好不容易寻找到一位名医，心里非常高兴，他马上就去拜见罗知悌。可是，几次登门拜谒，均未得亲见。但朱震亨心诚意真，求

中 庸

之愈甚，每日拱手立于门前，置风雨于不顾。有人对罗先生详加介绍朱震亨的为人与名声后，始获相见。

朱震亨随罗知悌学习一年之余后，医技大进，尽得诸家学说之妙旨。回到家乡后，四方求治者、求学者盈门不绝，朱震亨总是有求必应，不避风雨。

朱震亨通过多年临床实践，自成一家之言，创立了有名的"阳常有余，阴常不足"及"相火论"学说，并于杂病提出了以气、血、痰、郁的辨证治疗方法，于医学理论的发挥及杂病的治疗做出了贡献，被誉为"金元四大家"之一。

朱震亨的主要医学著作有《格致余论》《局方发挥》《金匮钩玄》《本草衍义补遗》等。此外，流传的有关朱震亨的书也很多，其中以《丹溪心法》《丹溪心法附余》最有代表性，但都不是朱震亨本人所著，是后人将朱氏临床经验整理而成。

君子之道

《诗》曰"衣锦❶尚䌹❷",恶其文之著也。故君子之道,暗然❸而日章;小人之道,的然❹而日亡。

君子之道:淡而不厌❺,简而文❻,温而理,知远之近,知风之自❼,知微之显,可与入德矣。

注释

❶ 衣锦:色彩鲜艳的衣服。
❷ 䌹(jiǒng):通褧(jiǒng),用麻布制的罩衣。
❸ 暗然:隐藏不露。
❹ 的(dí)然:鲜明,显著的样子。
❺ 淡而不厌:平淡而不厌倦。
❻ 简而文:简单而内含文采。
❼ 知风之自:见到风就知道它来自何处。

解读

《诗经》说"穿着锦缎,外面加上一件麻纱衣",这是嫌锦衣的纹彩太显眼了。因此,君子的道德表面暗淡而日益彰明,小人的道德外表鲜明而日益消亡。

君子的道德恬淡自然而从不厌倦,形式简单而内蕴文采,温和而达理,由近而知远,由风而知源,由微而知显,掌握了上面的道理,就可以进入到圣人高尚的道德境界了。

中 庸

感悟

此篇由前面圣人之道的高远广博回归于君子之道，使联想前面的"君子之道，辟如行远必自迩，辟如登高必自卑"，为学者开出一条入德之路。

首先君子和小人划清界限，君子之道，开始并不辉煌，但在积累中日见光辉。小人则不同，开始很张扬，但华而不实，会渐渐消亡。君子外表平淡、简朴、温和，内则有品位、文采、条理，由于有丰富的内涵，由内向外，由近及远，由微细到彰显，其影响力是无穷的。但君子必须加强自己的修养，任何时、任何地，都无愧于心，都要慎独。

君子修养德行，是自己心灵的需要，并不是为了炫耀，求得他人的赞赏，因而注重默默地自砺，从不刻意张扬，唯在务实，即使平日衣食起居，也严谨不苟。爱护自己的德行，保护着不愿受到任何的侵蚀，就如爱护自己的新衣，披上旧的粗麻外衣，使其不致受到尘埃的玷污。

德行的修养必须从微小之处做起，一丝不苟。无论处在何种境地，都必须持守正道，不做出有愧良知的事，也不萌生非分的念头，这正是君子之道不为常人所能致达的微妙所在。财富是一分一文积累起来的，德行也正是由一举一动中细微的言行习惯养成的。

"合抱之木，生于毫末；九层之台，起于累土。"只要自己出于至诚，其行为必然合乎天地大道，因而其德行必然得以彰显，必为人们所景仰。

故事链接

黄庭坚侍母如仆

黄庭坚，字鲁直，号山谷道人，晚号涪翁，洪州分宁人，北宋著名文学家、书法家、盛极一时的江西诗派开山之祖,与杜甫、陈师道和陈与义素有"一祖三宗"(黄庭坚为其中一宗)之称。与张耒、晁补之、秦观都游学于苏轼门下,合称为"苏门四学士"。生前与苏轼齐名,世称"苏黄"。

黄庭坚也是有名的孝子。黄庭坚任太史时,公务十分繁忙,但他仍不辞劳苦地亲自侍奉母亲,从不懈怠。

他每天忙完公事回来,首先要陪在母亲身边说一会儿话,才会回房干自己的事。

那时候,人们为了夜里方便如厕,通常准备一个应急的便桶。

黄庭坚知道母亲喜好洁净,又怕丫鬟照顾不好,所以总是亲自为母亲刷洗便桶,数十年如一日,从不间断。有人问他:"您身为高贵的朝廷命官,又有那么多的仆人,为什么要亲自做这些杂细的事情呢?"

黄庭坚回答说:"孝顺父母是我的责任,同自己的身份、地位没有任何关系,这种事怎能让仆人代劳呢?"

黄庭坚孝敬老母的事在当时广为流传,成为一段佳话。

黄庭坚虽然做了大官,家里有许多仆人,但他仍然能亲自侍奉母亲,尽了一个为人子者应尽的本分,拥有这种品质的人才配做人民的父母官。

中 庸

潜虽伏矣

《诗》云:"潜①虽伏矣,亦孔之昭!"故君子内省不疚,无恶于志。君子之所不可及者,其唯人之所不见乎!

《诗》云:"相②在尔室,尚不愧于屋漏③。"故君子不动而敬,不言而信。

注释

① 潜:潜藏。
② 相:察看。
③ 屋漏:天窗处,指上天神明。

解读

《诗经》说:"虽然潜伏在水底,但也被看得清清楚楚。"所以君子自我反省没有内疚,也就无愧于心了。君子的德行之所以高于一般人,大概就是在这些不被人看见的地方吧!

《诗经》说:"看你独自在室内的时候,是不是能做到无愧于心。"所以,君子在未行动之前就怀有恭敬之心,在没说话之前就先有诚信之心。

感悟

《荀子·不苟》中说:"诚者,君子之所守也,而政事之本也。"意思是说:诚是君子的操守,也是处理国家事务的根本出发点。君子修行不只是说在嘴上，更要身体力行，尤其是要在内心的深处怀着诚敬，这就是慎独，不只是在自己独处静室的时候，存心正道，更要在时时刻刻使自己的心灵处于动念之间，不越礼仪的底线，非礼之念勿起。

故事链接

周访不居功自傲

周访，字士达，晋代浔阳人。祖籍汝南安城，汉末避地江南。

周访性格刚毅，沉稳谦让，处事果断坚决。与陶侃为友，结为姻亲。周访年少时遇庐江陈训，他对周访与陶侃说："二位君子都是位居一方的国家栋梁。"

周访为人豪爽，喜好周济贫穷，因而家中没有财产积累。当初，陶侃处境低微时，父亲殁世，即将下葬时，家里的耕牛忽然丢失。在寻

中 庸

找之时，遇见一位老人，他说："前面山冈下有一头牛卧在泥污中，如果在此安葬立墓，那么后世将出高官。"又指着另一座山说："这也是一块风水宝地。"说完后忽然不见。陶侃找到牛以后，就把父亲安葬在这里。并把另外一处山地告诉周访。周访父亲死后，也就埋葬在那里。后来周访果然官到刺史。

元帝渡江，周访官至扬烈将军。由于他能征惯战，世有威名，智勇过人，远近悦服，率军征讨，无不克复，为"中兴名将"，累官扬州刺史。但是，他生性谦虚，从不自恃功劳，也不居功自傲。

有人说："一般的人只要做出了一点小的成绩，很少不对人夸耀的。而您为国建立了如此大的功勋，为什么却从来也不见您对别人提到过一个字呢？"周访说："幸而不辱王命，取得一些胜利，那也是由于朝廷的天威、皇上的英明、将士勇猛奋战的结果，我有什么功勋可谈。"于是有智谋勇略的人都因此而敬重他。

奏假无言

《诗》曰："奏假①无言,时靡有争。"是故君子不赏而民劝②,不怒而民威于铁钺③。

《诗》曰："不显惟德④!百辟其刑之。"是故君子笃恭而天下平。

注释

① 奏假:祈祷。
② 不赏而民劝:不赏赐而百姓自然互相勉励为善。
③ 铁钺(fū yuè):斫刀和大斧。古代用来腰斩、砍头的刑具。
④ 不显惟德:不显现的德,才是唯一真正的德。

解读

《诗经》说:"默默无声地祈祷,现在不再有纷争。"所以,君子不奖赏人民,人民自会努力,不发怒而人民也会畏服。

《诗经》说:"大大地发扬天子的美好德行,诸侯百官就会齐力效行。"所以,君子敦厚恭敬,天下国家就会太平。

感悟

《史记·商君列传》上说:"教之化民也深于命,民之效上也捷于令。"意思是说:用礼教影响化育民众,比行政命令的效果要深远得多;民众效法执政者的行为,比对执行当政者的传信要迅捷得多。因此，率先垂范，比制定制度更为有用、更为有效。

各种形式的典礼和祭祀仪式，庄重威严，人们恭敬肃立，静穆无声，就在于引导人们遵守礼教，受到同化，使自己的心灵回归到虔诚与透明，回归善良的天性，对自己的所为做出反省。

奖赏，激起人们的竞争；刑罚，则迫使人们畏惧退缩，所以只有用至诚的德行，来影响教化百姓，从而使天下安定和谐。

君主治理天下，无不以推行教化作为根本要务。道德教化的力量无形无迹，但影响深远，滋润着人们的心灵，规范着人们的言行。君子努力戒惕，以礼乐约束自己，用道德修养自己。凡事从自身做起，"躬自行而薄责于人"，以自己的德行为楷模，使天下效法。

权力不是用来压制别人使人屈服的工具，而是用来帮助他人、服务于人民的手杖。权力并不意味着占有，而是利益的公平分配机制，是一种分享的和谐关系，分享意味着共存，在于真挚，在于信任。通过公正地运用权力，使民众能够共同分享生活的果实。

故事链接

将相同心则大治

陆贾，汉初楚国人，西汉思想家、政治家、外交家。陆贾早年追随刘邦，因能言善辩常出使诸侯。刘邦和文帝时，两次出使南越，说服赵佗臣服汉朝，对安定汉初局势做出极大的贡献。吕后时，说服陈平、周勃等同诛吕氏。

孝惠帝时期，吕太后权倾朝野，封诸吕为王。陆贾洞悉政治形势，便称病辞职，居家休养避祸。诸吕专权跋扈，妄图篡夺天下，右丞相陈平对此深怀忧虑，但是因为力量有限，只好先谋自保，再筹良策，于是常常思虑过度，却苦无万全之计。

这天，陆贾以老朋友的身份前去拜访陈平，陈平正自深思，竟然没有发觉到陆贾来到了身边，陆贾问："什么事会让您忧虑如此深重呢？"

陈平说："你认为我会有什么忧虑的呢？"

陆贾说："您位居右丞相的高位，是食邑3万户的列侯，富贵荣华无人可及，自然不是因为享乐不能满足而心生烦忧的。之所以令您忧愁难解，只是担忧国家所面临的重大变故吧。"

陈平说："正是这样，那么，你认为该怎么办呢？"

陆贾说："古语说，天下安定，重在丞相；天下动乱，重在大将。将相契合，那么天下有才能的人就会有所归附；天下有德能的人归附，就体现了人心所向。那么即使有意外的事情发生，国家也不致分裂，因此，国家的长治久安，就取决于您和周勃两人了，您为什么心怀犹疑，却不和太尉交好呢？"

陆贾又为陈平筹划方略，于是，陈平就用他的计策，以重礼为绛侯周勃祝寿，而太尉周勃也以同样的隆重的礼节回报陈平，从此，陈平、周勃两人建立起了非常密切的关系。吕氏篡权的阴谋由此受到阻滞，从而使历史沿着有利于人民大众安定生活的方向发展。

天下的根本，在于民心，民心所向，体现的就是和，和则通，通则顺，顺则治。

陆贾是汉代第一位力倡儒学的思想家，他针对汉初特定的时代和政治需要，以儒家为本、融汇黄老道家及法家思想，提出"行仁义、法先圣、礼法结合、无为而治"，为西汉前期的统治思想奠定了一个基本模式。

中 庸

予怀明德

《诗》云:"予①怀②明德③,不大声以色。"子曰:"声色之于以化民,末也。"

注释

① 予:我。
② 怀:不能忘怀的思念。
③ 明德:具有美德的人。

解读

《诗》说:"我怀念有显赫德行的人,因为他从来都不会疾声厉色。"孔子说:"如果用疾声厉色来教化人民,是最拙劣的行为。"

感悟

这里倡导以德育民,《诗经》是周代文献,是以仁为本的儒学文化产生之根源。《诗》中说"予怀明德"这是在讲心怀仁义道德的君子,无须用厉声厉色教化百姓,因为人人本身都天生有善本。由此可鉴,周朝之先贤早就知道人人都有善良天性,知道对于知仁爱,知羞耻,知礼让,知忠信的人没有必要行施厉声厉色,而应该以同情之心遵从中庸规则善待他们,用人情来感化教育他们。从文中来看,古代先贤如此慈仁思想,令人敬佩。

孟子说:"以力服人,非服也;以礼服人,心悦诚服。"孟子如此以礼待人的思想与《诗经》所言"予怀明德，不大声以色"之观念是一脉相承，如出一辙。人不是禽兽，人都有自己的尊严，人人都需要恭敬礼让，所以教化人不是鞭训禽兽，遵守恭敬礼让感化人，这个道理古代先贤在没有儒学之前就已经产生了。

孔夫子认为治人的人居上凌下，施暴强行下命令，甚至用厉声厉色的行为震慑百姓，这是不能从根本上善化人的。孔子倡导与人为善，是在倡导彼此相顾中庸之道的行为规则。

故事链接

燕昭王从善如流

燕昭王，本名姬职，战国时燕国第三十九任君主。燕王哙之子，曾经在韩国做人质，子之之乱平定后，由于原先的太子平被杀，遂由赵武灵王派重兵护送回国即位，史称燕昭王。

燕昭王即位后，为了收复失地，亲自登门向燕国贤者郭隗请教，寻求贤能人才的计策。

郭隗说："成帝业的国君，把贤人作为老师看待；成王业的国君，把贤人作为朋友看待；成霸业的人，把贤人作为大臣看待；而国家也保不住的国君，则把贤人作为奴役看待。大王如果虚心听取贤人的教导，恭恭敬敬地拜他为师，那么，天下的贤人就会归附到燕国来。"

燕昭王说："我倒真想向所有的贤人学习，只是不知道先去召见谁最合适？"

郭隗没有直接回答，而是讲了这么一个故事：

从前有个国王想用千金去买一匹千里马，但三年过去了也没有买到。

中 庸

有个大臣对国王说:"让我来为大王效劳吧!"

过了三个月,那个大臣找到了一匹千里马,可已经死了,就花了500两黄金,把马骨买了回来。国王大怒道:"谁让你用重金去买马骨的!"

大臣说:"一匹千里马的骨头尚且花了500两黄金,更何况活的千里马呢?天下的人必然认为大王是诚心买千里马的人,肯定会把千里马送上门来的。"果然不到一年时间,就得到三匹千里马。

郭隗讲完故事,又说:"现在大王如果真想寻求贤人做老师,那就请从我开始吧。连我郭隗都能受到重用,何况比我更有才能的人呢?他们一定会从千里之外赶来的。"

燕昭王觉得很有道理,就为郭隗修建了宫室,并把他当作老师看待。这件事传开以后,很多贤能的人从各国前来投奔燕昭王。燕国依靠这些人才,最后终于打败了齐国。

善良待人的薛包

薛包是汉安帝时期的汝南人。他年轻时就勤奋好学，对人厚道，懂得礼貌。母亲常年疾病缠身，薛包求医煎药，端水送茶，伺候得非常周到。

母亲去世后，父亲又娶了一房妻子。为了讨个好名声，继母对薛包大面上总还过得去。但时间一长，就开始在父亲面前说薛包的坏话。天长日久，父亲信以为真，就叫薛包出去自己过。

薛包只好在院外搭个棚子，晚上睡在那里，早晨起来还是回到家里，洒扫庭院。父亲还是想逼他走，薛包实在没办法了，只好在庄外搭个小棚，住在那里，早晚还是回家来洒扫院子，伺候父母。不管是刮风下雨还是大雪飞扬，一年多来从未间断。薛包的孝心终于感动了父亲和继母，他们又准许薛包搬回家住了。

父母双双过世之后，继母生的弟弟要求分家。薛包一再劝阻，仍是无效，便主动把好的房屋、田地、器物、能干的用人留给了弟弟，自己把老得不能干活或无家可归的用人领去，他说："这些老人和我同处多年了，你不能使用他们，让他们跟我去吧。"

田地，薛包拣荒芜贫瘠无法耕种的要；房屋，他拣破旧要倒塌的要；器具物品，他捡破烂的要。

弟弟好吃懒做，不务正业，不久，就把分得的家产全卖光了。薛包就经常周济他，不袖手旁观，也不埋怨挖苦。

乡里人有的说："你弟弟游手好闲，对你又不好，也不是一母所生，有钱也不能给他呀！"

薛包笑着回答说："兄弟团结友爱，也好让九泉之下的老人放心哪！"

汉建光年间，薛包得到了皇帝的重视，公车特召他当侍中官。

中庸

上天之载

《诗》曰:"德辑①如毛",毛犹②有伦③。"上天之载,无声无臭。"至矣!

注释

① 辑:(yóu)古代一种轻便车,引申为轻。
② 犹:如同,好像。
③ 伦:从人,伦序。

解读

《诗经》说"品德像羽毛一样轻",轻如毫毛还是有物来比拟。"上天承载万物,其道无声无味。"这才是德的最高境界啊!

感悟

之所以说道德如毫毛之轻,其实这正是对道德高尚之敬仰。道理说的是,道德不应当以物价来度量,道德如同"天地之道"至高至尊是无价可比的。"为仁而施仁,不仁;为义而行义,不义。"如此所言其本义说的道理是,如果为了使别人知道自己是为仁义而才去行施仁义,这样的行为,如果以最高境界人生道德价值观来看,也就失去了仁义的高尚价值了。

仁义道德,是发自内心的高尚品质,高尚的君子贤人施行仁义道德不怀有任何目的,更不是为了索取回报。施仁行义是君子贤人个人至诚至善高尚道德之释放。

高明广博的天地之道，生育、养育了多少生物不计其数。天地对它所养育的生灵毫无一点怨言。天地养育万物却什么话也不说，任劳任怨，无怨无悔，所以说唯天地道德才是最高尚。相比人类道德行为而言，谁又能敢与"天"来比道德境界呢？如果真敢与"天"来比道德境界的话，那么，人的道德可就真的微不足道，轻如毫毛了。之所以说"厚德载物"讲的正是如同天地之道的道理。

故事链接

宽以待人的舜

舜（shùn），姚姓，有虞氏，名重华，字都君，是中国上古时代父系氏族社会后期部落联盟首领，被后世尊为帝，列入"五帝"，史称帝舜、虞舜、舜帝，故后世以舜称之。舜的王位是尧禅让的。

尧从16岁开始治理天下，已经做了70年的首领了。到86岁那年，尧想要找一个人来接替他，于是向各地发出公告，号召人们推荐贤能的人。没过多久，人们就推荐虞舜做他的继承人。据说虞舜的父亲双目失明，母亲早就去世了。盲人父亲又娶了一个妻子，也就是虞舜的后母。后母生了个儿子，取名叫象。

象好吃懒做而且非常傲慢，经常在父母面前说异母哥哥虞舜的坏话。虞舜并不介意这些事。他十分孝顺自己的盲人父亲，对待后母和异母弟弟象也很好。

尧听了人们的介绍，决定先考验考验虞舜。他把自己的两个女儿娥皇和女英都嫁给了虞舜做妻子，并派虞舜到各地去同群众一起干活。

虞舜结婚以后，带着两个妻子一起去种地干活，同时依旧孝顺父

中 庸

母，关心弟弟。大家都说他是个好儿子、好丈夫、好哥哥。虞舜每到一个地方，人们都紧紧跟随着他，拥护他。

虞舜的盲人爸爸和弟弟象听说虞舜得到这么多东西，又起了坏心。

有一回，虞舜的盲人爸爸叫舜修补粮仓的顶。当舜从梯子爬上仓顶的时候，盲人爸爸就在下面放起火来，想把舜烧死。舜在仓顶上一见起火，想找梯子，但梯子已经不知去向。

幸好舜随身带着两顶遮太阳用的笠帽。他双手拿着笠帽，像鸟张翅膀一样跳下来。笠帽随风飘荡，舜轻轻地落在地上，一点儿也没受伤。

虞舜的父亲和弟弟并不甘心，他们又叫舜去淘井。舜跳下井去后，他们就在地面上把一块块土石丢下去，把井填平，想把舜活活埋在

里面。没想到舜下井后，在井边掘了一个孔道，钻了出来，又安全地回家了。

象不知道舜早已脱险，得意扬扬地回到家里，去了舜的屋子。哪知道，他一进屋子，舜正坐在床边弹琴呢。舜也装作若无其事，说："你来得正好，我的事情多，正需要你来帮助我料理呢。"

之后，舜还是像过去一样和和气气地对待他的父母和弟弟，他的父亲和弟弟也不敢再暗害舜了。

唐尧听说虞舜这样宽宏大量，对他更加放心了，就把治理天下的大权交给了他。这就是历史上的"尧舜禅让"。

尧把帝位禅让给舜，28年后去世。舜选贤任能，举用"八恺""八元"等治理民事，放逐"四凶"，任命禹治水，完成了尧未完成的盛业。把各种事情办理得井井有条，天下的人都十分佩服他。

根据《尚书》《史记》等有关典籍，虞舜为人处世、治国理政，皆以德为先导，以和谐为依归，一生追求和合、和平、和谐，其和谐之道内涵十分丰富。在其治理下，政教大行，八方宾服，四海咸颂舜功。

名言妙语

1. 不偏之谓中，不易之谓庸。中者，天下之正道；庸者，天下之定理。
2. 中也者，天下之大本也；和也者，天下之达道也。
3. 君子中庸，小人反中庸。君子之中庸也，君子而时中。小人之反中庸也，小人而无忌惮也。
4. 人莫不饮食业，鲜能知味也。
5. 君子和而不流，强哉矫！中立而不倚，强哉矫！
6. 天地之大也，人犹有所憾。
7. 君子素其位而行，不愿乎其外。
8. 在上位，不陵下。在下位，不援上。
9. 上不怨天，下不尤人。
10. 君子之道，辟如行远，必自迩。
11. 愚而好自用，贱而好自专；生乎今之世，反古之道。如此者，灾及其身者也。
12. 可以赞天地之化育，则可以与天地参矣。
13. 人一能之，己百之；人十能之，己千之。
14. 博学之，审问之，慎思之，明辨之，笃行之。
15. 为政在人，取人以身，修身以道，修道以仁。
16. 好学近乎知，力行近乎仁，知耻近乎勇，知斯三者，则知所以修身。
17. 仁者，人也。

18. 其人存，则其政举；其人亡，则其政息。

19. 夫孝者，善继人之志，善述人之事者也。

20. 故大德必得其禄，必得其名，必得其寿。

21. 言顾行，行顾言。

22. 致中和，天地位焉，万物育焉。

23. 既明且哲，以保其身。

24. 果能此道矣，虽愚必明，随柔必强。

25. 庸德之行，庸言之谨，有所不足，不敢不勉。

26. 君子遵道而行，半途而废，吾弗能已矣。

27. 中庸者，不偏不倚，无过不及，而平常之理，乃天命所当然。

28. 物格而后知至，知至而后意诚，意诚而后心正出处。

29. 宽柔以教，不报无道，和而不济。

30. 然人莫不有是形，故虽上智不能无人心；亦莫不有是性，故虽下愚不能无道心。

31. 博厚，所以载物也；高明，所以覆物也；悠久，所以成物也。

32. 天下国家可均也，爵禄可辞也，白刃可蹈也，中庸不可能也。

33. 唯天下至诚，为能经纶天下之大经，立天下之大本，知天地之大育。

34. 书者，述也，以载道，以寄情，以解惑，以明智。

35. 中也者，天下之大本也。和也者，天下之达道也。

读后感

《中庸》是儒家乃至整个中国传统文化的核心思想之一,是几千年来中华民族伟大智慧的结晶。它以性、道、教三者为根本,深入阐述了人生的最高境界,这就是中庸。

关于"中庸",程颐说:"不偏不倚叫作'中',不变不更叫作'庸';中是天下的正道,庸是天下的定理。"中庸以"诚"和"中"为基本概念,叙述"天人合一"的形而上学。故其第一章以"天命之谓性,率性之谓道,修道之谓教"烛照通篇。这句话是一个垂示,是一个自天之命、由微之显、从天命之性到修道之教的过程。

中庸带给我更多的是"和"。不偏不倚,不过也无不及,达到最好的状态,这就是"和"。这样的心态,就是平常心。在生活中,面对过失,不过分埋怨别人,也不过分自责;面对荣誉,不过分张扬,也不过分低调;面对困难,不过分踌躇,也不过分淡定。万事适中,达到"和谐"的境界,这样天地万物便会各安其位,正常运行。这是一种大智慧。

我很喜欢看"平衡木"比赛,因为在如此狭窄的木板上,运动员不但能稳如泰山,还能做出优美高难的体操动作,用人体线条勾勒出一幅幅动感的艺术画面。她们的每一跳,每一次转身,所使用的力量真可谓恰到好处。因为无论是力量偏大还是不足,都会从平衡木上掉下来。所以平衡木的魅力充分体现了"恰到好处才是真"。

对我们个人而言,也要理性地看待问题,以中庸的态度处理问题。

人们也曾对"锋芒毕露还是韬光养晦"有过一番思考，这是两种完全不同的人生态度。中国古往今来，似乎都在提倡"韬光养晦"，这样正迎合了那句"满招损、谦受益"，人们觉得这样才能真正体现一个人本身的素质与修养。但当人们站在如今这个社会的视角来看时，却又突然发现，这样的思维方式似乎已不再适用。

在我看来，这两种人生态度都是不能完全采纳的，取而代之的，应该是"中庸"。岳飞锋芒太露，无法躲过风波亭之劫；李太白锋芒太露，难以见容于官场；苏东坡盛名之下，屡遭磨难。大象因牙而被擒，蚌以有珠而见剖，龟因壳而致死，鹦以饶舌而被困，犀牛因角贵而招杀，金铎以声自毁。其实，锋芒太露的结果，容易招致损害。所谓"花要半开，酒要半醉"，也是如此，而这，正是一种"中庸之道"。凡事需要度的把握，行事之时，靠的是每个人心中对中庸的理解与坚守，而在众多复杂中，"简单"的持守才是最难的。

同时，在《中庸》中，我更加领会到了知识的重要性，学习可以转变人的思维境界和文化层次。"博学之，审问之，慎思之，明辨之，笃行之。"人生有涯而求知无涯，学习是毕生的事业。学问之道在于坚持不懈地日积月累，别无捷径，不要抱有幻想。人要活到老，学到老，也唯有博大和宽容，才能兼容并包，真正做到"海纳百川，有容乃大"，进而"泛爱众，而亲仁"。

当今社会竞争激烈，压力充满了人们的生活，人们开始抱怨社会的不公，而不是反思自己。物竞天择，适者生存，能力强的人就会生存下来，没有能力的人就会被社会淘汰，这是很正常的现象。因此，我们要平和地看待这个问题，不要将其极端化，在认识问题的基础上，不断充实自己，使自己变得强大，同时要保持一颗谦虚谨慎的心，做任何事情，事先要有预备，做到胸有成竹，而不是盲目自信。

细读《中庸》，我也渐渐明白，人心就是一面镜子，照得见别人也照得见自己。自己的心镜照见自己的人性，别人的心境，照见的是你的人品。因此任何事都不可疏忽，越是在隐蔽的地方越要小心自砺。因而，在平时生活中，即使在独处的时候也要恭敬谨慎，心怀戒惕，严格自律。

构建和谐社会是当今人们的普遍祈求，而和谐社会正是中庸思想"致中和"的体现。现在人们在物质享受的侵蚀下，在多种价值观影响下，容易行为失据，离中庸渐远，以致常常心理失衡，痛苦绝望。所以保持平常心，把心摆正，回到中庸上来，修炼至诚至善，何尝不是消除烦恼，赢得快乐的一种途径呢？